Günter Süßmuth

Logiktraining

mit

Logikrätseln

Denkvermögen und
Programmiertechnik steigern.
Unterhaltsame Rätsel lösen
mit Hilfe von BASIC
und Turbo Pascal.

IWT Verlag GmbH

CIP-Titelaufnahme der Deutschen Bibliothek

Süssmuth, Günter:
Logiktraining mit Logikrätseln : Denkvermögen und Programmiertechnik steigern ; unterhaltsame Rätsel lösen mit Hilfe von BASIC und Turbo Pascal / Günter Süssmuth. – 2. Aufl. – Vaterstetten : IWT-Verl., 1991
ISBN 3-88322-299-2

ISBN 3-88322-299-2
2. Auflage 1991

Alle Rechte, auch die der Übersetzung, vorbehalten. Kein Teil des Werkes darf in irgendeiner Form (Druck, Fotokopie, Mikrofilm oder einem anderen Verfahren) ohne schriftliche Genehmigung des Verlages reproduziert oder unter Verwendung elektronischer Systeme verarbeitet, vervielfältigt oder verbreitet werden.
Der Verlag übernimmt keine Gewähr für die Funktion einzelner Programme oder von Teilen derselben. Insbesondere übernimmt er keinerlei Haftung für eventuelle, aus dem Gebrauch resultierende Folgeschäden.

Printed in West Germany
© Copyright 1990 by IWT Verlag GmbH
Vaterstetten bei München

Herstellung: Freiburger Graphische Betriebe, Freiburg
Umschlaggestaltung: CommunAction, München
Textlayout: Satzwerkstatt, München
Zeichnungen: Heinz Lietfien

INHALTSVERZEICHNIS

EINLEITUNG 5

I   LÖSEN VON LOGIKRÄTSELN 7

    1 SCHLIESSFACHVERRIEGELUNG 9
        1.1 Die Verschlüsselung 10
        1.2 Die Entschlüsselung 11
        1.3 Programmvariante mit Operator NOT 23
        1.4 Zusammenhang zwischen Subjunktion und Konjunktion .. 29

    2 ANSCHAFFUNG EINES MESSGERÄTES 31
        2.1 Die Vermutungen 32
        2.2 Die Prognose 32

    3 DRINGENDE ENTSCHEIDUNG 41
        3.1 Spürnases Ermittlungen 42
        3.2 Die Vorhersage der Zeitung 43

    4 EXOTISCHE PFLANZEN (1) 47
        4.1 Anbaubedingungen 48
        4.2 Der Bebauungsplan 49
        4.3 Permutationen 55

    5 VOLKSZÄHLUNG 59
        5.1 Pannen am laufenden Band 60
        5.2 Die richtige Zuordnung 61

    6 WANDERN IM KARWENDELGEBIRGE 69
        6.1 Die Anreise 70
        6.2 Hilfe für die Wirtin 70

7	AUTOMOBILWERKSTATT	91
	7.1 Vermißter Führerschein	92
	7.2 Die Zuordnungen	93
8	ASTRONOMISCHE TAGUNG	105
	8.1 Fehldruck in den Unterlagen	106
	8.2 Die Tagesordnung	107
	8.3 Reservierung der Speicherplätze bei Zuordnungsrätseln	120
9	ÜBUNGSBEISPIELE	125
	9.1 Musical „Dogs"	126
	9.2 Kegelrunde	126
	9.3 Speisekarte	127
	9.4 Kammermusik	128
	9.5 Exotische Pflanzen (2)	128
	9.6 Außenhandel	129
II	ENTWICKLUNG VON LOGIKRÄTSELN	131
10	BURGENFAHRT	133
11	OKKULTISMUS	143
12	AUSLANDSREISEN	149
	12.1 Entwicklung der Anweisungen	150
	12.2 Festlegen der inhaltlichen Informationen	160

ANHANG

A	LÖSUNGEN	163
B	KEINE PROBLEME TROTZ UNTERSCHIEDLICHER BASIC-DIALEKTE	166
C	FALLS IHRE PASCAL-VERSION EIN PROGRAMM NICHT AKZEPTIERT	171
D	REGISTER	172
E	LITERATUR-HINWEISE	174

EINLEITUNG

Es gibt viele Möglichkeiten, logisches Denken zu trainieren. Sehr wirksam ist die Beschäftigung mit Logikrätseln. Ebenso wird logisches Denken beim Erstellen von Computerprogrammen und beim Programmieren trainiert. Gute Trainingserfolge sind deshalb durch die Verbindung dieser Tätigkeiten zu erwarten: durch Lösen und Entwickeln von Logikrätseln bei der Benutzung eines Computers. Dieser Band gibt dazu anhand von Beispielen Anleitung. Er enthält zwei Kapitel:

Im Kapitel I wird die Lösung verschiedenartiger Logikrätsel anhand von BASIC- und Pascal-Programmen erläutert. Dabei werden auch die erforderlichen Grundlagen behandelt wie Gebrauch der logischen Operatoren AND, OR und NOT, Bildung von zusammengesetzten logischen Ausdrücken, Umformung logischer Ausdrücke, Prüfung solcher Umformungen auf Richtigkeit mittels Wahrheitstafeln, Erzeugung von Kombinationen und Permutationen. Zuletzt fordern Übungsbeispiele zum selbständigen Lösen von Rätseln auf.

Kapitel II dient dazu, den Leser an die Erstellung von Logikrätseln heranzuführen.

Die Schwierigkeit steigt von Beispiel zu Beispiel. Begonnen wird mit der Lösung eines einfachen logischen Rätsels. Zuletzt werden recht schwierige Zuordnungsrätsel sowohl gelöst als auch erstellt.

Dies ist kein Lehrbuch für BASIC oder Pascal, aber es genügen schon Anfangskenntnisse in einer dieser Programmiersprachen. Die ersten Beispiele enthalten entsprechende Erläuterungen, so daß der Anfänger schnell einsteigen und seine Programmierkenntnisse spielend erweitern kann.

Die Programme sind nur mit einfachen, allgemein üblichen Befehlen geschrieben, so daß sie mit allen BASIC- oder Pascal-Versionen laufen dürften. Allenfalls können bei der einen oder anderen Version geringfügige Modifizierungen erforderlich sein; dazu werden im Buch Hinweise und Hilfen gegeben, inbesondere in den Anhängen B und C.

Logiktraining mit Logikrätseln

Die meisten Erklärungen in diesem Buch richten sich gleichzeitig an die Anwender von BASIC und Pascal, weil in diesem Zusammenhang die Unterschiede zwischen beiden Programmiersprachen belanglos sind. Verschiedentlich muß jedoch genau auf die speziellen Gegebenheiten bei BASIC oder Pascal eingegangen werden. Solche Textstellen sind deutlich bezeichnet („Nur BASIC", „Nur Pascal" o.ä.), damit der Leser ggf. schnell über sie „hinwegspringen" kann. Potentielle Umsteiger von BASIC auf Pascal aber werden die „zweispurigen" Darlegungen wahrscheinlich begrüßen.

Zu diesem Logiktraining dürften sich durchweg alle Home- und Personalcomputer eignen, auch in BASIC oder Pascal programmierbare Taschenrechner, letztere zumindest für die kleineren Rätsel.

Für Kenner von Logikrätseln erübrigt sich wahrscheinlich der Hinweis, daß die Beschäftigung mit diesem Buch vor allen Dingen Spaß machen soll — also: viel Vergnügen!

I LÖSEN VON LOGIKRÄTSELN

1 SCHLIESSFACHVERRIEGELUNG

Logiktraining mit Logikrätseln

Dieses ist ein einfaches Logikrätsel — damit der Einstieg nicht zu schwer wird. Bei der Lösung werden auch die erforderlichen Grundlagen behandelt wie der Gebrauch der logischen Operatoren AND, OR und NOT, Bildung von zusammengesetzten logischen Ausdrücken, Umformung logischer Ausdrücke sowie die Prüfung, ob solche Umformungen richtig vorgenommen worden sind.

1.1 Die Verschlüsselung

Abteilungsleiter Heimlichtu hatte in seinem Büroschrank ein Fach herrichten lassen, zu dem nur er selbst Zugang haben wollte. Vor allem sollte es vor seiner Sekretärin Schnüffelstets sicher sein, die das Talent hatte, in der Firma an jeden Schlüssel heranzukommen. Deshalb hatte er eine elektrische Verriegelung gewählt. Zu betätigen war diese Verriegelung durch 8 Kippschalter, die zum Öffnen in eine bestimmte Stellung gebracht werden mußten.

Leider war es mit seinem Gedächtnis nicht so weit her, als daß er sich alle Stellungen merken konnte. Zum Ausgleich hatte ihn die Natur mit einer ausgezeichneten Kombinationsgabe begünstigt. Als Gedächtnisstütze legte er deshalb einen Zettel mit folgenden Notizen in seine Schreibtischschublade:

1 Wenn Schalter 4 unten ist, dann muß Schalter 2 oben stehen.
2 Wenn Schalter 8 oben ist, dann müssen Schalter 2 und Schalter 6 unten stehen.
3 Wenn Schalter 2 unten ist, dann muß mindestens einer der Schalter 5 oder 7 unten stehen.
4 Wenn Schalter 3 oben ist, dann muß Schalter 4 unten oder Schalter 7 oben stehen.
5 Wenn Schalter 2 oder Schalter 4 oben sind, dann müssen Schalter 5 und 6 oben stehen.
6 Wenn Schalter 4 oben ist, dann muß entweder Schalter 1 oder Schalter 3 oben stehen.
7 Mindestens einer der Schalter 2 oder 6 muß unten stehen.

Ob Herr Heimlichtu jedesmal in der Lage war, seine Notizen so schnell wie nötig zu entschlüsseln, entzieht sich unserer Kenntnis. Auch wissen wir nicht, ob es Fräulein Schnüffelstets gelungen war, ihre nun hochgradig angeheizte Neugier zu befriedigen. Zwei Gründe sprechen für ihren Erfolg: Ihre Geduld beim Probieren während seiner oft langen Abwesenheit und ihre Freundschaft zu einem Denksportler, der sich einen Heimcomputer zugelegt hatte. Unabhängig davon wollen wir nun die Schalterstellungen zum Öffnen herausfinden.

1.2 Die Entschlüsselung

Übersicht

Die Schalterstellungen zur Öffnung des Schließfaches können in BASIC mit Programm 1 ermittelt werden, in Pascal mit Programm 1P.

BASIC-Programm 1   Schließfach; Ermittlung der Schalterstellungen

```
10   REM Programm 1 "Schließfach"
30   PRINT "S1 S2 S3 S4 S5 S6 S7 S8": REM Überschrift
32   PRINT "----------------------"
100  FOR S1=0 TO 1: FOR S2=0 TO 1: FOR S3=0 TO 1: FOR S4=0 TO 1
110  FOR S5=0 TO 1: FOR S6=0 TO 1: FOR S7=0 TO 1: FOR S8=0 TO 1
198  :
200  IF S4=0 AND S2=0  THEN GOTO 500 :              REM Bedingung 1
210  IF S8=1 AND (S2=1 OR S6=1) THEN GOTO 500 :     REM Bedingung 2
220  IF S2=0 AND (S5=1 AND S7=1) THEN GOTO 500 :    REM Bedingung 3
230  IF S3=1 AND (S4=1 AND S7=0) THEN GOTO 500 :    REM Bedingung 4
240  IF (S2=1 OR S4=1) AND (S5=0 OR S6=0) THEN GOTO 500 :  REM Bed. 5
250  IF S4=1 AND S1=S3 THEN GOTO 500 :              REM Bedingung 6
260  IF S2=1 AND S6=1 THEN GOTO 500 :               REM Bedingung 7
300  Y=Y+1
400  PRINT S1;S2;S3;S4;S5;S6;S7;S8 :   REM Ausgabe der Lösung
498  :
```

```
500 NEXT S8: NEXT S7: NEXT S6: NEXT S5
510 NEXT S4: NEXT S3: NEXT S2: NEXT S1
580
END
```

Pascal-Programm 1P   Schließfach; Ermittlung der Schalterstellungen

```
PROGRAM Prog1P;     {Schließfach, Lösung mit GOTO-Anweisungen}
LABEL 999;
VAR
 S1,S2,S3,S4,S5,S6,S7,S8:    integer;

BEGIN
 writeln('S1 S2 S3 S4 S5 S6 S7 S8');     {Überschrift}
 writeln('----------------------');
 FOR S1:=0 TO 1 DO
  FOR S2:=0 TO 1 DO
   FOR S3:=0 TO 1 DO
    FOR S4:=0 TO 1 DO
     FOR S5:=0 TO 1 DO
      FOR S6:=0 TO 1 DO
       FOR S7:=0 TO 1 DO
        FOR S8:=0 TO 1 DO
         BEGIN
           IF (S4=0) AND (S2=0) THEN GOTO 999;             {Bedingung 1}
           IF (S8=1) AND ((S2=1)  OR (S6=1)) THEN GOTO 999;  {Bed. 2}
           IF (S2=0) AND ((S5=1) AND (S7=1)) THEN GOTO 999;  {Bed. 3}
           IF (S3=1) AND ((S4=1) AND (S7=0)) THEN GOTO 999;  {Bed. 4}
           IF ((S2=1) OR (S4=1)) AND ((S5=0) OR (S6=0)) THEN GOTO 999;
           IF (S4=1) AND (S1=S3) THEN GOTO 999;            {Bedingung 6}
           IF (S2=1) AND (S6=1)  THEN GOTO 999;            {Bedingung 7}
           {Ausgabe der Lösung}
           writeln(S1,' ',S2,' ',S3,' ',S4,' ',S5,' ',S6,' ',S7,' '
           ,S8);
           999:
         END
END.    {von PROGRAM}
```

In beiden Programmen werden die Stellungen der Schalter mit acht geschachtelten FOR-Schleifen simuliert. Darin steht die Laufvariable S1 für den ersten Schalter, S2 für den zweiten usw. bis S8 für den achten Schalter. Jede Schleife läuft von 0 bis 1 mit der Schrittweite 1. Null bedeutet Schalterstellung *unten*, 1 Schalterstellung *oben*.

Die „Übersetzungen" der Notizen in BASIC bzw. in Pascal stehen in den Programmzeilen, die mit *Bedingung 1 bis 7* kommentiert sind. Diese Zeilen stellen gleichsam das Schloß dar, während die FOR-Schleifen nacheinander alle möglichen (256) Schlüssel (= Kombinationen der Schalterstellungen) zum Probieren anbieten. Mit jeder der sieben Anweisungen wird geprüft, ob die Werte von S1 bis S8 den Bedingungen zum Öffnen entsprechen oder nicht. Sobald festgestellt wird, daß mindestens einer dieser Werte gegenüber den Öffnungsbedingungen widersprüchlich ist, veranlaßt die betreffende GOTO-Anweisung einen Sprung zum Ende der innersten Schleife. Die Anweisung zur Ausgabe der Lösung (PRINT, writeln) wird dadurch übersprungen. Die Sprungadresse ist

— in BASIC die Zeile 500, weil in ihr die Anweisung NEXT S8 steht, die das Ende der innersten FOR-Schleife bedeutet,
— in Pascal die Marke 999, die direkt vor derjenigen END-Anweisung steht, bei der die Schleifendurchläufe enden. Diese Marke ist am Programmanfang mit dem reservierten Wort *LABEL* und einem frei gewählten Label-Namen (999) deklariert.

Nach dem GOTO-Sprung wird der Prüfvorgang mit der nächsten Schalterkombination fortgesetzt.

Falls aber die Schalterkombination mit der jeweiligen Öffnungsbedingung nicht im Widerspruch steht, wird die Prüfung in der nächsten Anweisung weitergeführt. Eine Schalterkombination ohne Widerspruch zu einer der sieben Bedingungen ist die Lösung. Die Verarbeitung der zugehörigen Werte S1 bis S8 wird durch keine der GOTO-Anweisungen abgebrochen; sie gelangt zur PRINT-Anweisung im BASIC-Programm bzw. zur writeln-Anweisung im Pascal-Programm. Diese Anweisungen geben die Werte der acht Variablen S1 bis S8 als Lösung auf den Bildschirm aus, wahlweise — mit entsprechenden Ausgabeanweisungen — auch auf den Drucker. Im folgenden werden Einzelheiten des Programms erläutert.

FOR-Schleifen

Die Arbeitsweise der FOR-Schleifen können wir beobachten, wenn wir zeitweise eine weitere Zeile einfügen:
— in das BASIC-Programm: 190 PRINT S1;S2;S3;S4;S5;S6;S7;S8
— in das Pascal-Programm nach dem zweiten *BEGIN*
writeln(S1,S2,S3,S4,S5,S6,S7,S8);

Nach Start mit „RUN" bzw. „R" (für Running) läuft folgende Zahlenkolonne über den Bildschirm:

```
00000000
00000001
00000010
```

usw. bis

```
11111101
11111110
11111111
```

Die Werte 00000000 besagen, daß alle Schalter nach unten stehen, die Werte 00000001, daß Schalter S8 nach oben steht und die anderen nach unten weisen. Das geht so weiter, bis auf dem Bildschirm letztlich 11111111 erscheint, was heißt, daß alle Schalter nach oben gerichtet sind.

Die jeweils zusammengehörenden acht Werte der Laufvariablen S1 bis S8 nennen wir *Kombination*. Die Werte derjenigen Kombination, die in einem bestimmten Augenblick des Programmlaufs zuletzt erschienen ist, werden zu dieser Zeit in den Anweisungen innerhalb der Schleifen verarbeitet. Diese Kombination wird deshalb als die *in Verarbeitung stehende Kombination* oder auch als die *aktuelle Kombination* bezeichnet.

In diesem Rätsel gibt es die bereits erwähnten 256 möglichen Schalterstellungen, d.h. 256 Kombinationen. Ihre Zahl ergibt sich aus den je zwei Stellungen der acht Schalter bzw. aus den je zwei Werten der acht Laufvariablen:

$$2 * 2 * 2 * 2 * 2 * 2 * 2 * 2 = 2^8 = 256$$

Die Anzeige aller Kombinationen auf dem Bildschirm ist zur Lösung des Rätsels an sich nicht erforderlich. Sie ermöglicht es aber, den Programmablauf in groben Zügen zu verfolgen. Dieses kann besonders bei Programmen mit längerer Laufzeit oder bei der Fehlersuche nützlich sein.

Bedingung 1

Die Bedingung 1 zum Öffnen des Schließfaches lautet: *Wenn Schalter 4 unten steht, dann muß Schalter 2 oben stehen.* Eine Kombination entspricht dieser Bedingung, wenn in ihr S4 = 0 und S2 = 1 ist; Kombination und Bedingung sind einander widerspruchsfrei. Dagegen entspricht eine Kombination, in der S4 = 0 und S2 = 0 ist, dieser Bedingung nicht; Kombination und Bedingung zum Öffnen stehen im *Widerspruch* zueinander.

Entsprechen Kombinationen, in denen S4 = 1 und S2 = 1 ist oder in denen S4 = 1 und S2 = 0 ist, der Bedingung 1? Zumindest stehen sie nicht im Widerspruch zu dieser Öffnungsbedingung. Daß der Schalter S2 zum Öffnen nach oben stehen muß, gilt nur für den Fall, daß der Schalter S4 nach unten gerichtet ist. Darum ist es - soweit es die Bedingung 1 betrifft — egal, ob bei S4 = 1 der Wert von S2 gleich 0 oder gleich 1 ist.

Der Lösungsgang besteht nun darin, alle Kombinationen aus der Verarbeitung zu nehmen, die zu einer oder mehreren Öffnungsbedingungen im Widerspruch stehen. Die Prüfung auf Widersprüchlichkeit wird mit den sieben IF...THEN-Anweisungen vorgenommen. Wenn der Computer beim Abarbeiten dieser Anweisungen auf einen Widerspruch zwischen der in Verarbeitung befindlichen Kombination und einer Bedingung stößt, dann veranlaßt die hinter THEN stehende GOTO-Anweisung — wie bereits beschrieben — einen Sprung zum Ende der innersten Schleife. Hierdurch scheidet die betreffende Kombination aus der Verarbeitung aus, sie wird „eliminiert"; der Programmlauf wird mit der nächsten Kombination fortgesetzt.

Der GOTO-Befehl wird ausgeführt, wenn der zwischen IF und THEN stehende *Vergleichsausdruck* wahr ist. Bei diesem Rätsel werden die Vergleichsausdrücke aus den Öffnungsbedingungen abgeleitet. Ein Vergleichsausdruck muß demnach wahr sein, wenn er zu der betreffenden Öffnungsbedingung im Widerspruch steht. Wie wir oben gesehen haben, ist das bei der Bedingung 1 dann der Fall, wenn S4 = 0 und S2 = 0 ist. Somit lautet die Programmzeile für die Bedingung 1

— in BASIC: `200 IF S4=0 AND S2=0 THEN GOTO 500`
— in Pascal: `IF (S4=0) AND (S2=0) THEN GOTO 999;`

Beide Programmzeilen sind einander sehr ähnlich, weil die BASIC-Befehlswörter IF, THEN und AND (aber auch OR und NOT) mit den entsprechenden Pascal-Wörtern gleich sind. Bei Pascal müssen die einzelnen Ausdrücke in Klammern stehen, weil dort die logischen Operatoren (AND, OR, NOT) stärker binden als die Vergleichsoperatoren (= < > <>).

Die Verarbeitung aller anderen Kombinationen, in denen also

S4 = 0 und S2 = 1   oder
S4 = 1 und S2 = 0   oder
S4 = 1 und S2 = 1

ist, wird mit der nächsten Programmzeile fortgesetzt. Bevor jedoch diese erläutert wird, müssen wir uns noch etwas eingehender mit den Operatoren AND und OR befassen.

Operator AND

Das Ergebnis einer „Und"-Verknüpfung der beiden Ausdrücke A und B mit dem Operator AND ist wahr, wenn sowohl der Ausdruck A als auch der Ausdruck B wahr ist, sonst ist es falsch.

Die *Wahrheitswerte* von verknüpften Ausdrücken und Aussagen werden üblicherweise in sogenannten *Wahrheitstafeln* übersichtlich zusammengestellt. Die folgende Wahrheitstafel zeigt die Wahrheitswerte der Ausdrücke A und B und ihrer Verknüpfung mit dem Operator AND. Hierin steht W für den Wahrheitswert *wahr* und F für den Wahrheitswert *falsch*.

A	B	A AND B
W	W	W
W	F	F
F	W	F
F	F	F

Ebenso können die Wahrheitswerte von zwei oder mehreren *Relationsausdrükken*, z.B. von S4 = 0 und S2 = 0 und ihrer Verknüpfung mit AND zu dem Vergleichsausdruck (S4 = 0 AND S2 = 0), in einer Wahrheitstafel zusammengestellt werden:

S4	S2	S4=0	S2=0	S4=0 AND S2=0
0	0	W	W	W
0	1	W	F	F
1	0	F	W	F
1	1	F	F	F

Aus dieser Tafel ist ersichtlich, daß der Vergleichsausdruck (S4 = 0 AND S2 = 0) nur dann wahr ist, wenn beide verknüpften Ausdrücke ebenfalls wahr sind. Dies ist nur dann der Fall, wenn der Wert von S4 gleich 0 ist und der von S2 ebenso.

In der Aussagenlogik wird die Und-Verknüpfung als *Konjunktion* bezeichnet.

Operator OR

Bekanntlich steht — wörtlich übersetzt — OR für das umgangssprachliche „oder". Eine gewisse Schwierigkeit liegt darin, daß „oder" in der Umgangssprache in zweifacher Bedeutung benutzt wird. Sehen wir uns dazu diese beiden Sätze an:

1. Beim ersten Schulgang soll jedes Kind vom Vater oder von der Mutter begleitet werden.
2. Dieses Tier ist ein Hai oder ein Delphin.

Oder

Mit der Aufforderung im ersten Satz soll doch erreicht werden, daß die lieben Kleinen nicht ohne Begleitung zumindest eines Elternteils auf den Weg geschickt werden. Niemand wird etwas dagegen haben, wenn ein Kind von Vater *und* Mutter begleitet wird. Der Aufforderung wird also genüge getan, wenn Vater oder Mutter oder beide mitgehen.

In diesem Sinne wirkt auch der Operator OR: Das Ergebnis einer Oder-Verknüpfung der beiden Ausdrücke A und B mit OR ist wahr, wenn A oder B oder beide wahr sind. Nur wenn sowohl A als auch B falsch sind, ist auch das Ergebnis falsch. OR entspricht „oder" im „nichtausschließenden" Sinne. In folgender Wahrheitstafel sind die Wahrheitswerte der Verknüpfungen mit OR zusammengestellt:

A	B	A OR B
W	W	W
W	F	W
F	W	W
F	F	F

Sinngemäß läßt sich für einen Vergleichsausdruck, zum Beispiel für $S2 = 1$ OR $S6 = 1$ (siehe Programmzeilen zu Bedingung 2), die Wahrheitstafel erstellen:

S2	S6	S2=1	S6=1	S2=1 OR S6=1
0	0	F	F	F
0	1	F	W	W
1	0	W	F	W
1	1	W	W	W

Entweder...oder

Eine andere Bedeutung hat die Verknüpfung im zweiten Satz. Dasselbe Tier kann nicht beides, Hai und Delphin, sein. „Oder" hat hier die Bedeutung, daß *entweder* nur das eine oder nur das andere, nicht aber beides zusammen richtig ist; oder wird im „ausschließenden" Sinne gebraucht.

Zur Unterscheidung wird im weiteren „oder" die Bedeutung wie im ersten Satz haben. Falls aber das umgangssprachliche Wort „oder" im Sinne von „A oder B, keinesfalls beides zusammen" gemeint ist, wird „entweder...oder" verwendet. Die Wahrheitstafel sieht für die Entweder-oder-Verknüpfung folgendermaßen aus:

```
A    B      Entweder A oder B
---------------------------------
W    W          F
W    F          W
F    W          W
F    F          F
```

Pascal und einige BASIC-Dialekte verfügen über einen logischen Operator zur ausschließenden Oder-Verknüpfung (meist XOR). Sonst können Entweder...oder-Operationen mit entsprechenden Umschreibungen ausgeführt werden. Beispielsweise entspricht dem Ausschnitt aus der Bedingung 6 „es muß entweder Schalter 1 oder Schalter 3 oben stehen" der Ausdruck

(S1=1 AND S3=0) OR (S1=0 AND S3=1).

Dieser Ausdruck ist wahr, wenn Schalter 1 oben und Schalter 3 unten steht. Er ist auch bei umgekehrten Stellungen wahr: Schalter 1 unten und Schalter 3 oben. Er ist aber falsch, wenn beide Schalter unten stehen oder beide nach oben gerichtet sind. Auch andere Umschreibungen sind für entweder...oder möglich, beispielsweise:

(S1=1 OR S3=1) AND (S1=0 OR S3=0)   oder
(S1=1 OR S3=1) AND NOT (S1=1 AND S3=1).

Da bei diesem Rätsel S1 und S3 je nur zwei Werte annehmen können, nämlich 0 oder 1, kann einfach geschrieben werden: S1 < > S3. Auch dieser Ausdruck ist wahr, allerdings nur unter den genannten Einschränkungen.

Adjunktion, Antivalenz

In der Aussagenlogik wird
— eine Verknüpfung, die der mit dem Operator OR entspricht, eine *Adjunktion* genannt, verschiedentlich auch eine Disjunktion oder eine Alternation,
— eine Entweder...oder-Verknüpfung mit *Antivalenz* bezeichnet.

Nachdem das Notwendige über die Operatoren AND und OR behandelt worden ist, wollen wir uns wieder der Entschlüsselung von Heimlichtus Notizen zuwenden.

Öffnungsbedingung 2

Nach der zweiten Öffnungsbedingung müssen Schalter 2 und 6 nach unten stehen, wenn Schalter 8 nach oben gerichtet ist. Diese Bedingung wird nicht eingehalten, wenn — bei nach oben weisendem Schalter 8 — Schalter 2 oder Schalter 6 oder beide nach oben gekippt sind. Der Sprung an das Ende der innersten Schleife hat demnach bei solchen Kombinationen stattzufinden, bei denen der folgende Ausdruck wahr ist:

S8=1 AND (S2=1 OR S6=1)

Öffnungsbedingung 3

Das Schloß ist, falls Schalter 2 unten steht, nur dann aufzubekommen, wenn mindestens einer der Schalter 5 oder 7 ebenfalls nach unten weist, oder anders ausgedrückt, wenn nicht sowohl Schalter 5 als auch Schalter 7 nach oben zeigen. Es sind deshalb alle Kombinationen von der Weiterverarbeitung auszuschließen, bei denen

S2=0 AND (S5=1 AND S7=1)

wahr ist. Hier sei angemerkt, daß die Klammern um S5=1 AND S7=1 nur zur Verdeutlichung des Lösungsweges dienen. Sie sind hier nicht erforderlich, da sie in diesem Ausdruck ohne Einfluß auf das Ergebnis sind. Dagegen sind die Klammern um den Ausdruck mit OR bei Öffnungsbedingung 2 notwendig, weil dort die Verknüpfung mit OR vor der Verknüpfung mit AND vollzogen werden muß. Der Computer würde aber - ohne Klammern — diesen Ausdruck der „Reihe nach" verarbeiten, d.h. AND vor OR.

Öffnungsbedingung 4

Sinngemäß zu Bedingung 3 sind alle Kombinationen zu eliminieren, die dem Vergleichsausdruck S3=1 AND (S4=1 AND S7=0) entsprechen.

Öffnungsbedingung 5

Wenn Schalter 2 oder Schalter 4 nach oben gerichtet sind, darf keiner der Schalter 5 oder 6 unten stehen. Deshalb ist der Schleifendurchlauf mit Kombinationen zu beenden, in denen der Ausdruck (S2=1 OR S4=1) AND (S5=0 OR S6=0) wahr ist.

Öffnungsbedingung 6

Nach dieser Bedingung muß, wenn Schalter 4 oben steht, einer — und nur einer — der Schalter 1 oder 3 ebenfalls nach oben weisen. Da es nur zwei Schalterstellungen gibt, wird dieser Bedingung durch unterschiedliche Stellung der Schalter 1 und 3 entsprochen, d.h. wenn S1 < > S3 ist. Wenn dagegen in einer aktuellen Kombination mit S4 = 1 die Werte von S1 und S3 einander gleich sind, also S1 = S3 ist, veranlaßt die GOTO-Anweisung einen Sprung an das Schleifenende.

Öffnungsbedingung 7

Die Bedingung, daß zum Öffnen des Schließfaches mindestens einer der Schalter 2 oder 6 unten stehen muß, gilt immer, unabhängig von der Stellung aller anderen Schalter. Dieser Bedingung widersprechen Kombinationen, in denen S2 = 1 und

S6 = 1 ist; sie werden durch Sprung zur NEXT-Anweisung bzw. zur Marke 999 „ausgemerzt".

Ausgabe der Lösung

Eine Kombination, deren Verarbeitung über die sieben IF...THEN-Anweisungen hinausgelangt ist, steht mit keiner der Bedingungen im Widerspruch. Sie stellt somit die Lösung dar und wird ausgegeben.

Falls Sie es noch nicht getan haben, sollten Sie nun das Programm 1 bzw. 1P in den Rechner eingeben und starten. Richtig arbeitet Ihr Programm dann, wenn gleich nach dem Start die Überschrift und nach einiger Zeit diese Lösung auf dem Bildschirm erscheint:

```
S1 S2 S3 S4 S5 S6 S7 S8
-----------------------
1  0  0  1  1  1  0  0
```

Die Ausgabe des Ergebnisses ist bewußt einfach gehalten: Es werden, außer der Bezeichnung der Schalter, nur die Werte ausgegeben, die die Schalterstellung kennzeichnen. Daraus kann ohne weiteres die wörtliche Ausgabe abgelesen werden: „Zum Öffnen des Schließfaches müssen die Schalter 1, 4, 5 und 6 oben und die anderen unten stehen." Solche numerischen Ausgaben sind von Vorteil, wenn Sie den Fehler suchen, weil der Programmlauf nicht gleich richtige Ergebnisse gebracht hat. Zweckmäßig ist diese Art der Darstellung vor allem bei der *Erstellung* von Logikrätseln: In der Entwicklungsphase existieren meist viele Alternativlösungen, die auf diese Art übersichtlich und platzsparend darstellbar sind.

Nach Ausgabe der Ergebnisse und nach Beendigung der Schleifenläufe ist das Rätsel gelöst. In vielen Fällen ist es aber vorteilhaft oder wünschenswert, eine andere als die jetzt dargelegte Methode anzuwenden:

— Manchmal ist es einfacher, bei der Umsetzung der Bedingungen in Programmanweisungen den Operator NOT zu gebrauchen.

— Kombinationen, die nicht den Bedingungen entsprechen, können anders als mit GOTO-Anweisungen aus dem Lösungsgang ausgeschieden werden. Hier ist die Bemerkung angebracht, daß der Gebrauch von GOTO in einem Pascal-Programm in den Augen vieler Pascal-Experten fast eine Todsünde ist.

Deshalb ist im folgenden je eine Programmvariante zur Lösung des Rätsels 1 aufgeführt. — Des weiteren wird der Zusammenhang zweier logischer Verknüpfungen (von Konjunktion und Subjunktion) gezeigt, der bei der Lösung von Logikrätseln mit „wenn,dann-Aussagen" oft genutzt wird.

1.3 Programm-Variante mit Operator NOT

Die Vergleichsausdrücke zur Ausscheidung von Kombinationen, die zu den Öffnungsbedingungen widersprüchlich sind, können auch mit dem Operator NOT codiert werden (Codieren heißt: Formulieren von computerverständlichen Anweisungen). Dazu müssen wir uns zunächst mit diesem Operator und mit Negationen befassen.

Operator NOT; Negationen

NOT

Der Operator NOT negiert den Wahrheitswert eines Ausdruckes, d.h. er macht aus wahr falsch und umgekehrt. Die Wahrheitstafel zeigt dieses für den Ausdruck A:

A	NOT A
W	F
F	W

NOT A (nicht A) ist die Negation von A; A ist die Negation von NOT A. NOT NOT A ist gleich A.

Negationen von Vergleichsausdrücken

Wenn der Ausdruck A=1 wahr ist, dann ist der Ausdruck NOT(A=1) falsch, der Ausdruck A<>1 ebenfalls. NOT(A=1) und A<>1 sind Negationen von A=1. Die Ausdrücke NOT(A=1) und A<>1 haben den gleichen Wahrheitswert, sie sind äquivalent. Beispiele:

G=2	ist die Negation von	G<>2
E<F	" " " "	E>=F
F>G	" " " "	F<=G
R<=S	" " " "	R>S
X>=(Y+5)	" " " "	X<(Y+5)
F<>4	" " " "	F=4

Negationen von zusammengesetzten Ausdrücken

Die Negation eines mit OR verbundenen Ausdruckes erhält man, indem man die beiden Einzelausdrücke negiert und OR durch AND ersetzt. So wird beispielsweise aus dem Ausdruck

C=1 OR X<>K   dessen Negation   C<>1 AND X=K

Daß es sich hierbei um Negationen handelt, wird mit folgender Wahrheitstafel gezeigt:

1	2	3	4	5	6	7	8
C	X	C=1	X<>K	C=1 OR X<>K	C<>1	X=K	C<>1 AND X=K
1	nicht K	W	W	W	F	F	F
1	K	W	F	W	F	W	F
nicht 1	nicht K	F	W	W	W	F	F
nicht 1	K	F	F	F	W	W	W

Wenn C den Wert 1 hat, dann hat der Ausdruck C=1 den Wahrheitswert wahr, und der Ausdruck C<>1 hat den Wahrheitswert falsch. Sinngemäß hat der Ausdruck X<>K den Wahrheitswert wahr, wenn X nicht den Wert von K hat, usw. Als Ergebnis ist festzustellen, daß die Wahrheitswerte der zusammengesetzten Ausdrücke einander entgegengesetzt sind: In Spalte 5, die sich auf den linken Ausdruck bezieht, haben die Wahrheitswerte die Folge W W W F; dagegen haben in Spalte 8, die sich auf den rechten Ausdruck bezieht, die Wahrheitswerte die Folge F F F W. Diese entgegengesetzten Wahrheitswerte-Folgen sind ein Merkmal der Negation.

Ebenso gilt: Man erhält die Negation eines mit AND verbundenen Ausdruckes, indem man die beiden Einzelausdrücke negiert und AND durch OR ersetzt — was auch aus vorstehender Wahrheitstafel hervorgeht (Umwandlung von C<>1 AND X=K in C=1 OR X<>K).

Weitere Beispiele:
A=0 AND B=0   ist die Negation von   A<>0 OR B<>0
C=1 AND D<>V   "   "   "   "   C<>1 OR D=V
A<>0 OR B=4   "   "   "   "   A=0 AND B<>4

Äquivalente zusammengesetzte Ausdrücke

Wir bilden aus dem Ausdruck A=1 AND B=1 durch Voranstellen des Operators NOT dessen Negation NOT(A=1 AND B=1). Letzterer Ausdruck ist in bezug auf die Wahrheitswerte dem Ausdruck A<>1 OR B<>1 gleich. Ob dies wirklich so ist, wird mit der folgenden Wahrheitstafel untersucht:

1 2	3	4	5	6	7	8	9
A B	A=1	B=1	A=1 AND B=1	NOT(A=1 AND B=1)	A<>1	B<>1	A<>1 OR B<>1
1 1	W	W	W	F	F	F	F
1 0	W	F	F	W	F	W	W
0 1	F	W	F	W	W	F	W
0 0	F	F	F	W	W	W	W

Der Vergleich von Spalte 6 mit Spalte 9 beweist, daß die beiden Ausdrücke gleiche Wahrheitswerte ergeben; die Ausdrücke sind äquivalent. Weitere gleichwertige Ausdrücke der oben gezeigten Art sind zum Beispiel:

NOT(A=0 AND B=0)	ist gleichwertig mit	A<>0 OR B<>0
NOT(P<>K AND L=4)	" " "	P=K OR L<>4
NOT(A=1 OR B=1)	" " "	A<>1 AND B<>1
NOT(R<>2 OR F=Y)	" " "	R=2 AND F<>Y

Leser mit Kenntnissen in der Aussagenlogik haben sicherlich erkannt, daß bei der Gegenüberstellung dieser Ausdrücke die Gesetze von De Morgan angewandt worden sind.

Öffnungsbedingungen

Wir gehen wieder von Bedingung 1 zum Öffnen des Schließfaches aus: *Wenn Schalter 4 unten steht, dann muß Schalter 2 oben stehen.* Damit eine Kombination, in der S4 den Wert 0 hat, der Öffnungsbedingung entspricht, muß S2 = 1 sein. In den Programmen 1 und 1P werden deshalb alle Kombinationen mit S4 = 0 eliminiert, wenn in ihnen S2 nicht den Wert 1 hat, sondern S2 = 0 ist. Statt S2=0 kann bei diesem Rätsel NOT (S2=1) geschrieben werden, weil hier beide Ausdrücke gleichwertig sind. Dann steht für die bisherige Zeile

— in BASIC: 200 IF S4=0 AND NOT (S2=1) THEN GOTO 500
— in Pascal: IF (S4=0) AND NOT (S2=1) THEN GOTO 999;

Die Anweisung wird also zunächst so formuliert, daß sie der Öffnungsbedingung entspricht; dann wird der Anweisungsteil, der sich auf die zweite Teilaussage bezieht, mit dem Operator NOT negiert.

Programme

Die Programme 1a (BASIC) und 1Pa (Pascal) lösen das Rätsel 1 unter Verwendung von NOT.

BASIC-Programm 1a   Schließfach; Variante mit Operator NOT und
Wertzuweisung an eine Markierungsvariable

```
10  REM Programm 1a "Schließfach"; Variante mit NOT und Markierun
gsvariable
30  PRINT "S1 S2 S3 S4 S5 S6 S7 S8": REM Überschrift
32  PRINT "---------------------"
100 FOR S1=0 TO 1: FOR S2=0 TO 1: FOR S3=0 TO 1: FOR S4=0 TO 1
110 FOR S5=0 TO 1: FOR S6=0 TO 1: FOR S7=0 TO 1: FOR S8=0 TO 1
150 N=0
200 IF S4=0 AND NOT (S2=1) THEN N=1 :        REM Bedingung 1
210 IF S8=1 AND NOT (S2=0 AND S6=0) THEN N=1: REM Bedingung 2
220 IF S2=0 AND NOT (S5=0 OR S7=0) THEN N=1 : REM Bedingung 3
230 IF S3=1 AND NOT (S4=0 OR S7=1) THEN N=1 : REM Bedingung 4
240 IF (S2=1 OR S4=1) AND NOT (S5=1 AND S6=1) THEN N=1
250 IF S4=1 AND NOT (S1< >S3) THEN N=1 :     REM Bedingung 6
260 IF NOT (S2=0 OR S6=0) THEN N=1 :         REM Bedingung 7
400 IF N=0 THEN PRINT S1;S2;S3;S4;S5;S6;S7;S8: REM Ausg. der Lösung
498 :
500 NEXT S8: NEXT S7: NEXT S6: NEXT S5
510 NEXT S4: NEXT S3: NEXT S2 NEXT S1
580 END
```

Pascal-Programm 1Pa   Schließfach; Variante mit Operator NOT und
Wertzuweisung an eine Markierungsvariable

```
PROGRAM Prog1Pa;  {Schließfach, Lösung mit NOT und Mark.-Variable}
VAR
 S1,S2,S3,S4,S5,S6,S7,S8,N:  integer;
BEGIN
 writeln('S1 S2 S3 S4 S5 S6 S7 S8');  {Überschrift}
```

```
        writeln('---------------------');
        FOR S1:=0 TO 1 DO
         FOR S2:=0 TO 1 DO
          FOR S3:=0 TO 1 DO
           FOR S4:=0 TO 1 DO
            FOR S5:=0 TO 1 DO
             FOR S6:=0 TO 1 DO
              FOR S7:=0 TO 1 DO
               FOR S8:=0 TO 1 DO
                BEGIN
                 N:=0
                 IF (S4=0) AND NOT (S2=1) THEN N:=1;          {Bedingung 1}
                 IF (S8=1) AND NOT ((S2=0) AND (S6=0)) THEN N:=1; {Bed. 2}
                 IF (S2=0) AND NOT ((S5=0) OR (S7=0)) THEN N:=1;  {Bed. 3}
                 IF (S3=1) AND NOT ((S4=0) OR (S7=1)) THEN N:=1;  {Bed. 4}
                 IF ((S2=1) OR (S4=1)) AND NOT ((S5=1) AND (S6=1)) THEN N:=1;
                 IF (S4=1) AND NOT (S1<>S3) THEN N:=1;        {Bedingung 6}
                 IF NOT ((S2=0) OR (S6=0)) THEN N:=1;         {Bedingung 7}
                 {Ausgabe der Lösung}
                 IF (N=0) THEN writeln(S1,' ',S2,' ',S3,' ',
                     S4,' ',S5,' ',S6,' ',S7,' ',S8);
                END
        END.   {von PROGRAM}
```

Die Programme 1a und 1Pa weisen noch einen weiteren Unterschied gegenüber Programm 1 bzw. 1P auf: Es gibt hierin keine GOTO-Anweisungen. Stattdessen enthalten sie Anweisungen, die bei Widersprüchlichkeit zwischen aktueller Kombination und einer Öffnungsbedingung den Wert einer Markierungsvariablen (N) auf 1 erhöhen. Bei Beginn jedes Schleifenlaufs ist sicherzustellen, daß N den Wert 0 hat; dies bewirkt die Anweisung N=0 bzw. N:=0. Wenn eine in Verarbeitung befindliche Kombination zu keiner Öffnungsbedingung im Widerspruch steht, dann hat N am Ende des Schleifendurchlaufs noch den Wert 0. In diesem Falle, und nur in diesem Falle, werden die Werte der acht Laufvariablen ausgegeben; sie repräsentieren die Lösung (die der mit Programm 1 oder 1P gefundenen gleich ist). Nachteilig in bezug auf die Laufzeit ist, daß die Verarbeitung stets alle sieben Vergleichsanweisungen durchlaufen muß, daß also ein Schleifendurchlauf nicht direkt nach Feststellung des Widerspruchs abgebrochen wird. Dieser Nachteil macht sich bei kurzen Programmen, zumal in Pascal, freilich kaum bemerkbar.

1.4 Zusammenhang zwischen Subjunktion und Konjunktion

Subjunktion

Trotz Ihrer verständlichen Ungeduld, endlich das nächste Rätsel zu lösen, ist es angebracht, noch einmal die Öffnungsbedingungen zu betrachten. Mit Ausnahme der Bedingung 7 sind alle von der Art: *Wenn A, dann B*. Eine derartige Verknüpfung wird als *Subjunktion*, verschiedentlich auch als *Implikation*, bezeichnet. In ihr ist der Teilsatz mit A das *Vorderglied* und der mit B das *Hinterglied*. In Bedingung 1 entspricht das Vorderglied der Teilaussage „Wenn Schalter 4 unten steht" und das Hinterglied der Teilaussage „dann muß Schalter 2 oben stehen". Das Vorderglied ist wahr, wenn $S4 = 0$ ist; es ist falsch, wenn $S4 = 1$ ist. Das Hinterglied ist wahr, wenn S2 den Wert 1 hat; es ist falsch, wenn $S2 = 0$ ist. Wir haben gesehen, daß nur solche Kombinationen mit der Öffnungsbedingung 1 im Widerspruch stehen, nach denen Schalter S4 unten und Schalter S2 ebenfalls unten steht, in denen also das Vorderglied den Wahrheitswert wahr (W) und das Hinterglied den Wahrheitswert falsch (F) hat.

Die Subjunktion ist also dann falsch, wenn das Vorderglied wahr und das Hinterglied falsch ist, sonst ist sie wahr; das gilt **allgemein**.

Die Eigenschaften von Subjunktionen lassen sich in einer Wahrheitstafel darstellen:

A	B	Wenn A, dann B
W	W	W
W	F	F
F	W	W
F	F	W

Konjunktion

Im Lösungsgang des Rätsels werden diejenigen Kombinationen ausgeschieden, in denen die betreffenden Laufvariablen der Subjunktion mit dem Wahrheitswert falsch entsprechen. Über die Ausscheidung wird mit der Konjunktion *A AND NOT B* entschieden, wobei die Wahrheitswerte von A und B wie bei der Subjunktion definiert sind.

Die folgende Wahrheitstafel zeigt, daß der Wahrheitswert der Konjunktion „A AND NOT B" genau dann wahr ist, wenn (siehe oben) die Funktion „wenn A, dann B" den Wahrheitswert *falsch* hat.

A	B	NOT B	A AND NOT B
W	W	F	F
W	F	W	W
F	W	F	F
F	F	W	F

Gegenüberstellung

Die Konjunktion *A AND NOT B* ist somit die Negation der Subjunktion *Wenn A, dann B*. Umgekehrt ist die Subjunktion *Wenn A, dann B* die Negation der Konjunktion *A AND NOT B*. Aus diesem Zusammenhang sind folgende weitere Beziehungen ableitbar:

1 *Wenn A, dann B*   ist gleichwertig mit   *NOT (A AND NOT B)*
2 *Wenn A, dann nicht B*   ist gleichwertig mit   *NOT (A AND B)*
3 *Wenn nicht A, dann B*   ist gleichwertig mit   *NOT (NOT A AND NOT B)*
4 *Wenn nicht A, dann nicht B*   ist gleichwertig mit   *NOT (NOT A AND B)*

Diese Zusammenhänge von Subjunktion und Konjunktion sind bei der Lösung von Logikrätseln mit Hilfe von Computern von großer Bedeutung.

2 ANSCHAFFUNG EINES MESSGERÄTES

2.1 Die Vermutungen

Der zwölfköpfige Gemeinderat von Uranhausen, einem Ort in der Hauptwindrichtung des Atomkraftwerkes Kernobyl, mußte entscheiden, ob für die Feuerwehr ein Strahlungsmeßgerät beschafft werden soll. Zur Zustimmung war Stimmenmehrheit erforderlich. Vor der Abstimmung mutmaßten die Wehrmänner:
1 Genau zwei der drei Gemeinderatsmitglieder Bittner, Ibrug und Lachmann werden dafür stimmen.
2 Wenn Kiene dafür stimmt, wird entweder Augustin oder Fischer dagegen sein.
3 Dorn und Frau Lachmann werden entweder beide dafür oder beide dagegen stimmen.
4 Wenn Jung dagegen oder Erler dafür ist, dann werden Augustin und Frau Gruber dagegen sein.
5 Es wird nicht vorkommen, daß Erler dagegen oder Kiene dagegen oder Jung dafür ist.
6 Bittner und Hartmann werden gleich votieren.
7 Wenn Bittner und Kiene dafür stimmen, dann wird auch Jung dafür stimmen.
8 Von den drei Mandatsträgern Cordes, Hartmann und Kiene werden genau zwei ihre Stimme dafür geben.

Was hätte die Abstimmung ergeben, wenn die Vermutungen eingetroffen wären?

2.2 Die Prognose

Mengen, Elemente, Anzahl der Lösungen

Nach der „Entriegelung" des Schließfaches dürfte die Lösung dieses Rätsels nicht schwierig sein. Beide Rätsel sind vom selben Typ; jedes handelt von zwei *Mengen:*

— Rätsel 1 von der Menge der Schalter und der Menge der Schalterstellungen,
— Rätsel 2 von der Menge der Gemeinderatsmitglieder und der Menge der Abstimmungsinhalte.

Der Unterschied zwischen den beiden Logikrätseln liegt in der Anzahl der *Elemente*:

— Das erste Rätsel enthält je Menge 8 Elemente: In der Menge der Schalter sind das die Schalter 1 bis 8. In der Menge der Schalterstellungen sind das — mit Wiederholung — die Elemente „unten" und „oben".
— Das zweite Rätsel enthält je Menge 12 Elemente: In der Menge der Gemeinderatsmitglieder sind das die 12 Personen (oder deren Namen). In der Menge der Abstimmungsinhalte sind das — mit Wiederholung — die Elemente „dagegen" und „dafür".

Als *Lösung eines Rätsels* bezeichnet man jede wechselseitige Zuordnung zwischen den Elementen aller Mengen, die mit allen Bedingungen des Rätsels übereinstimmt (Hier ist anzumerken, daß als Lösung auch der *Weg* bezeichnet wird, mit dem das Ergebnis ermittelt wird). Die Bedingungen sind die im Rätsel gegebenen Informationen.

In diesem Rätsel wird nach dem Abstimmungsergebnis gefragt, das aufgrund der Vorhersagen zu vermuten war. Das schließt die Frage ein, ob mit den genannten Bedingungen eine Prognose möglich ist, d.h., ob es überhaupt eine Lösung gibt. Grundsätzlich gibt es drei Möglichkeiten:

1 Die Bedingungen sind widersprüchlich. Eine Lösung ist deshalb nicht möglich. Die Anzahl der möglichen Lösungen ist gleich 0.
2 Die Bedingungen sind widerspruchsfrei, aber zur eindeutigen Lösung unvollständig. Es sind mehrere Lösungen möglich. Die Anzahl der möglichen Lösungen ist größer als 1.
3 Die Bedingungen sind widerspruchsfrei und vollständig. Das Rätsel ist eindeutig lösbar. Die Zahl der möglichen Lösungen ist gleich 1.

Da wir anfangs nicht wissen, ob das Rätsel überhaupt lösbar ist, und wenn ja, ob die Lösung eindeutig ist, werden wir das Programm so erstellen, daß am Ende der Verarbeitung — als Resümee — etwas über die Anzahl der möglichen Lösungen ausgesagt wird.

- Falls keine Lösung möglich ist, soll ausgegeben werden: *Widersprüchliche Bedingungen. Lösung nicht möglich.*
- Falls mehrere Lösungen möglich sind, soll angezeigt werden: *Bedingungen unvollständig; es sind insgesamt ... Lösungen möglich.*
- Im Idealfall, also nur einer möglichen Lösung, soll erscheinen: *Lösung eindeutig und widerspruchsfrei. Für die Beschaffung stimmten ... Gemeinderäte.*

Programmstruktur

Das Rätsel wird in BASIC mit Programm 2 und in Pascal mit Programm 2P gelöst. Diese Programme sind prinzipiell wie Programm 1 bzw. 1Pb aufgebaut.

BASIC-Programm 2   Anschaffung eines Strahlungsmeßgerätes

```
10    REM Programm 2 "Anschaffung eines Strahlungsmeßgerätes"
20    W=0 : REM W = Anzahl der Lösungen
30    PRINT "ABC  DEF  GHI  JKL  SUM  Lösung" : REM Überschrift
32    PRINT "---------------------------------"
48    :
50    FOR A=0 TO 1: FOR B=0 TO 1: FOR C=0 TO 1: FOR D=0 TO 1
55    FOR E=0 TO 1: FOR F=0 TO 1: FOR G=0 TO 1: FOR H=0 TO 1
60    FOR I=0 TO 1: FOR J=0 TO 1: FOR K=0 TO 1: FOR L=0 TO 1
98    :
100   GOSUB 1000: REM --- Zu Unterprogramm 1 (Bedingungen, Ausgabe)
498   :
500   NEXT L: NEXT K: NEXT J: NEXT I: NEXT H: NEXT G
510   NEXT F: NEXT E: NEXT D: NEXT C: NEXT B: NEXT A
700   GOSUB 2000: REM --- Zu Unterprogramm 2 (Resuemee)
900   END
998   :
1000  REM * * * Unterprogramm 1: Bedingungen  * * * * * * * * * *
1010  IF (B+L+I)<>2 THEN GOTO 1900              : REM Bedingung 1
1020  IF K=1 AND A=F THEN GOTO 1900             : REM Bedingung 2
1030  IF D<>L THEN GOTO 1900                    : REM Bedingung 3
1040  IF (J=0 OR E=1) AND (A=1 OR G=1) THEN GOTO 1900 : REM B. 4
1050  IF E=0 OR K=0 OR J=1 THEN GOTO 1900       : REM Bedingung 5
```

```
1060 IF B<>H THEN GOTO 1900           : REM Bedingung 6
1070 IF (B=1 AND K=1) AND J=0 THEN GOTO 1900  : REM Bedingung 7
1080 IF (C+H+K)<>2 THEN GOTO 1900     : REM Bedingung 8
1200 W=W+1
1300 SUM=A+B+C+D+E+F+G+H+I+J+K+L
1500 PRINT A;B;C;" ";D;E;F;" ";G;H;I;" ";J;K;L;" ";SUM;"
";W
1900 RETURN
1998 :
2000 REM * * * Unterprogramm 2: Resuemee  * * * * * * * * * * * * *
2010 PRINT
2020 IF W=0 THEN PRINT "Widersprüchliche Bedingungen; Lösung nicht
möglich"
2040 IF W=1 THEN PRINT "Lösung eindeutig und widerspruchsfrei."
2045 IF W=1 THEN PRINT "Für die Beschaffung stimmten ";SUM;" Geme
inderäte"
2060 IF W>1 THEN PRINT "Bedingungen unvollständig."
2065 IF W>1 THEN PRINT "Es sind insgesamt ";W;" Lösungen möglic
h"
2900 RETURN
```

Pascal-Programm 2P   Anschaffung eines Strahlungsmeßgerätes

```
PROGRAM Prog2P; {Anschaffung eines Strahlungsmeßgerätes}
VAR
  A,B,C,D,E,F,G,H,I,J,K,L,W,SUM:    integer;
PROCEDURE Bedingungen;
  BEGIN
    IF (B+L+I)<>2 THEN EXIT;                            {Bedingung 1}
    IF (K=1) AND (A=F) THEN EXIT;                       {Bedingung 2}
    IF D<>L THEN EXIT;                                  {Bedingung 3}
    IF ((J=0) OR (E=1)) AND ((A=1) OR (G=1)) THEN EXIT; {Bedingung 4}
    IF (E=0) OR (K=0) OR (J=1) THEN EXIT;               {Bedingung 5}
    IF B<>H THEN EXIT;                                  {Bedingung 6}
    IF ((B=1) AND (K=1)) AND (J=0) THEN EXIT;           {Bedingung 7}
    IF (C+H+K)<>2 THEN EXIT;                            {Bedingung 8}
    W:=W+1;
    SUM:=A+B+C+D+E+F+G+H+I+J+K+L;
    writeln(A,B,C,' ',D,E,F,' ',G,H,I,' ',J,K,L,' ',SUM,' ',W);
  END; {von Prozedur Bedingungen}
```

```
PROCEDURE Resuemee;
 BEGIN
  writeln;
  IF W=0 THEN
   writeln ('Widersprüchliche Bedingungen, Lösung nicht möglich');
  IF W=1 THEN BEGIN
   writeln ('Lösung eindeutig und widerspruchsfrei.');
   writeln ('Für die Beschaffung stimmten ',SUM,' Gemeinderäte');
   END;
  IF W>1 THEN BEGIN
   writeln ('Bedingungen unvollständig.');
   writeln ('Es sind insgesamt ',W,' Lösungen möglich'); END
 END; {von Prozedur Resuemee}

BEGIN {Hauptprogramm}
 W:=0;
 writeln ('ABC DEF GHI JKL SUM Lösung');  {Überschrift}
 writeln ('--------------------------');
 FOR A:=0 TO 1 DO
  FOR B:=0 TO 1 DO
   FOR C:=0 TO 1 DO
    FOR D:=0 TO 1 DO
     FOR E:=0 TO 1 DO
      FOR F:=0 TO 1 DO
       FOR G:=0 TO 1 DO
        FOR H:=0 TO 1 DO
         FOR I:=0 TO 1 DO
          FOR J:=0 TO 1 DO
           FOR K:=0 TO 1 DO
            FOR L:=0 TO 1 DO
             Bedingungen;
 Resuemee
END. {von Programm}
```

Jedes Programm enthält 12 geschachtelte FOR-Schleifen, für jedes Mitglied des Gemeinderates eine. Die Laufvariablen sind mit den Anfangsbuchstaben der Namen bezeichnet. Jede Schleife läuft von 0 bis 1 mit der Schrittweite 1; 0 bedeutet dagegen, 1 dafür. Beim Programmlauf werden alle möglichen Abstimmungskombinationen der 12 Gemeinderäte untersucht, ob sie den Bedingungen entsprechen. Die Lösung wird also nach der *Versuch-und-Irrtum-Methode* gesucht — ein Vorgehen, jede Möglichkeit auf Übereinstimmung mit den Bedingungen zu prüfen und dabei widersprüchliche Möglichkeiten aus dem weiteren Lösungsgang auszuschließen.

Ein großer Teil der Einzelaufgaben wird in Unterprogrammen erledigt:

— im Unterprogramm 1 bzw. in der Prozedur Bedingungen: Prüfung, ob die jeweils aktuelle Kombination im Widerspruch zu den Bedingungen steht und — falls widerspruchsfrei — Ausgabe dieser Kombination als Lösung,
— im Unterprogramm 2 bzw. in der Prozedur Resuemee: Ausgabe des Resümees.

Die Arbeit des Hauptprogramms besteht im wesentlichen darin,

— die Unterprogramme aufzurufen,
— die Überschrift zur Lösung auszugeben,
— mit FOR-Schleifen alle Abstimmungsmöglichkeiten der 12 Personen miteinander zu kombinieren.

Unterprogramm 1 und PROCEDURE Bedingungen

Zur Prüfung auf Widersprüchlichkeit existiert für jede der acht Bedingungen eine IF...THEN-Anweisung. Wird in einer von ihnen ein Widerspruch zwischen der aktuellen Kombination und der betreffenden Bedingung festgestellt, dann kehrt die Verarbeitung sofort in das Hauptprogramm zurück

— in BASIC nach GOTO-Sprung zu RETURN,
— in Pascal auf Veranlassung von EXIT.

Danach beginnt der Schleifendurchlauf mit der nächsten Kombination.

Die Umsetzung der Bedingungen, d.h. der Voraussagen der Wehrmänner, in Anweisungen zur Prüfung auf Widersprüchlichkeit braucht nach den ausführlichen Erklärungen bei Rätsel 1 sicherlich nur kurz erläutert zu werden.

Bedingung 1
Die Summe der Werte von B (Bittner), L (Lachmann) und I (Ibrug) muß nach Bedingung 1 zwei sein, sonst ist die betreffende Kombination aus der Verarbeitung auszuschließen.

Bedingung 2
Wenn Kiene dafür stimmt, dann dürfen Augustin und Fischer nicht gleich votieren - sonst ergäbe sich ein Widerspruch zur Entweder-oder-Bedingung.

Bedingung 3
Dorn und Lachmann dürfen nicht verschieden stimmen.

Bedingung 4
Wenn Jung dagegen oder Erler dafür sind (J=0 OR E=1), dann dürfen weder Herr Augustin oder Frau Gruber dafür sein.

Bedingung 5
Falls nach der Kombination Erler dagegen (E = 0) oder Kiene dagegen (K = 0) oder Jung dafür (J = 1) ist, steht sie zur Vorhersage der Wehrmänner im Widerspruch.

Bedingungen 6 bis 8
erklären sich anhand der betreffenden Programmzeilen von selbst.

Lösung(en)

Falls die Werte einer Kombination zu keiner Bedingung im Widerspruch stehen, stellt diese Kombination die Lösung oder, falls mehrere bestehen, eine der Lösungen dar. Die Anzahl der Lösungen wird mit der Variablen W gezählt. Die Anweisung W=W+1 bzw. W:=W+1 ist nicht im mathematischen Sinne zu verstehen — was völlig unsinnig wäre. Es handelt sich je um eine „Ergibt-Anweisung", die bewirkt, daß sich bei jedem Durchlauf der neue Wert von W (links) aus dem alten

Wert von W durch Addition von 1 ergibt. Da W anfangs den Wert 0 erhalten hat, ist am Ende des Programmlaufs der Wert von W mit der Zahl der möglichen Lösungen identisch; er bestimmt, welcher Text vom Unterprogramm 2 bzw. von der Prozedur Resuemee ausgegeben wird.

Die Zahl der Dafür-Stimmen wird durch Addition aller zwölf Werte von A bis L errechnet; der Wert von SUM gibt die Zahl der Befürworter an.

Mit der PRINT- bzw. der writeln-Anweisung am Ende des Unterprogramms 1 bzw. der Prozedur Bedingungen wird die einer Lösung entsprechende Kombination ausgegeben, zusammen mit der Zahl der Befürworter (SUM) und der Nummer der Lösung (W). Bei richtiger Programmierung muß als **Ergebnis** erscheinen:

```
A B C  D E F  G H I  J K L  SUM    Lösung
-------------------------------
0 0 1  1 1 1  0 0 1  0 1 1   7       1

Lösung eindeutig und widerspruchsfrei.
Für die Beschaffung stimmten 7 Gemeinderäte.
```

Das Ergebnis erscheint nicht so schnell wie beim vorigen Rätsel. Während Ihr Rechner dort lediglich 256 Möglichkeiten zu prüfen hatte, muß er sich jetzt durch $2^{12} = 4096$ Kombinationen hindurcharbeiten.

Allgemein ist bei allen mit Computern gelösten oder erstellten Rätseln zu empfehlen: Jede Lösung sollte „per Kopf" auf Plausibilität gegenüber dem Rätseltext geprüft werden. Außerdem ist es nützlich, das eine oder andere Rätsel auch ohne Computer zu lösen.

Bewußt andere Lösungen erzwingen

Wenn es Ihnen gelungen ist, das richtige Ergebnis zu erzielen, dann ist es angebracht, auch je ein Bedingungssystem zu erproben, das entweder keine oder mehrere Lösungen ergibt:

a) Stellen Sie eine *widersprüchliche* Bedingung auf! Da Sie das richtige Ergebnis bereits kennen, ist das sehr einfach: Aus der Lösung geht z.B. hervor, daß Herr Bittner dagegen stimmt. Jetzt tun Sie so, als sei noch eine weitere Parole im Umlauf, nach der Herr Bittner *dafür* votiert. Dazu schreiben Sie eine weitere Zeile in das Programm:

— in BASIC: `1090 IF B = 0 THEN GOTO 1900`
— in Pascal: `IF B=0 THEN EXIT;` (in **PROCEDURE** Bedingungen)

Nach dem Start wird Ihnen der Rechner die „Nullösung" bestätigen.

b) *Mehrere* Lösungen erscheinen, wenn Sie einfach die Anweisung für eine der Bedingungen löschen. Durch Entfernung beispielsweise der Zeile mit der Ausscheidungsanweisung nach Bedingung 1 erhält man vier verschiedene Lösungen.

Je mehr Bedingungen Sie streichen, umso unbestimmter wird das Bedingungssystem, umso mehr Lösungen gibt es. Im Extremfall, durch Löschen aller Ausscheidungsanweisungen, erhalten Sie alle oben genannten 4096 Mögichkeiten als Lösungen.

3   DRINGENDE ENTSCHEIDUNG

3.1 Spürnases Ermittlungen

Morgen tagt in Uranhausen wieder der Gemeinderat, dem die bei Rätsel 2 genannten Personen angehören. Nach der Tagesordnung ist u.a. zu entscheiden, welches der drei Projekte Modernisierung des Krankenhauses, Erweiterung des Kindergartens oder Begradigung der Durchgangsstraße als nächstes zu realisieren ist. Lokalreporter Pfiffikus Spürnase hat sich auch dieses Mal eingehend erkundigt. Als ziemlich sicher hat er erfahren, daß die Herren Dorn, Erler und Kiene nicht an der Sitzung teilnehmen können. Da nach der Gemeindeordnung keine Vertreter nachrücken und der Rat bereits bei 75prozentiger Anwesenheit beschlußfähig ist, werden nur neun Gemeinderäte entscheiden. Außerdem hat Spürnase herausbekommen:

1 Keines der weiblichen Gemeinderatsmitglieder (Cordes, Gruber, Lachmann) wird für den Ausbau der Straße stimmen.
2 Mindestens einer der Herren Fischer oder Ibrug wird die Stimme für das Projekt Krankenhaus geben.
3 Von den Gemeinderäten Hartmann, Augustin und Lachmann werden wenigstens zwei für die Erweiterung des Kindergartens votieren.
4 Herr Jung wird sich für den Straßenausbau entscheiden.
5 Herr Bittner ist gegen die Begradigung der Durchgangsstraße.
6 Wenn Herr Augustin für das Straßenprojekt stimmen sollte, dann wird sich Frau Gruber nicht für die Modernisierung des Krankenhauses entscheiden.
7 Höchstens eine der drei Frauen wird für die Krankenhausmodernisierung stimmen.
8 Wenn Herr Ibrug oder Herr Fischer nicht für den Ausbau der Straße votieren, dann werden die Herren Augustin und Jung nicht unterschiedlich stimmen.
9 Die Gemeindevertreter Hartmann und Bittner werden verschieden stimmen, ebenso Hartmann und Cordes.
10 Die Herren Ibrug und Fischer haben sich zur Stimmabgabe für dasselbe Projekt abgesprochen.

Mit welcher Vorhersage kann die Zeitung die Ergiebigkeit ihrer Kanäle zu „sonst gut unterrichteten Kreisen" demonstrieren?

3.2 Die Vorhersage der Zeitung

Wir könnten Spürnase mit Programm 3 bzw. 3P weiterhelfen. Sie sind wie Programm 2 bzw. 2P gestaltet. Allerdings enthält jedes nur neun FOR-Schleifen, weil es sich nur noch um neun Gemeinderatsmitglieder handelt. Außerdem nimmt jede Laufvariable nacheinander *drei* Werte an: 1 für das Projekt Krankenhaus, 2 für das Projekt Kindergarten, 3 für das Projekt Straßenausbau.

BASIC-Programm 3   Dringende Entscheidung

```
10   REM Programm 3 "Dringende Entscheidung"
20   W=0: REM W = Anzahl der Lösungen
30   PRINT "ABC   FGH   IJL   Lösung": REM Überschrift
32   PRINT "----------------------"
48   :
50   FOR A=0 TO 1: FOR B=0 TO 1: FOR C=0 TO 1
55   FOR F=0 TO 1: FOR G=0 TO 1: FOR H=0 TO 1
60   FOR I=0 TO 1: FOR J=0 TO 1: FOR L=0 TO 1
98   :
100  GOSUB 1000: REM --- Zu Unterprogramm 1 (Bedingungen, Ausgabe)
498  :
500  NEXT L: NEXT J: NEXT I: NEXT H: NEXT G
510  NEXT F: NEXT C: NEXT B: NEXT A
900  END
998  :
1000 REM * * * Unterprogramm 1: Bedingungen * * * * * * * * * * *
1010 IF C=3 OR G=3 OR L=3 THEN GOTO 1900      : REM Bedingung 1
1020 IF F<>1 AND I<>1 THEN GOTO 1900          : REM Bedingung 2
1030 IF (H<>2 AND A<>2) OR (H<>2 AND L<>2) OR (A<>2 AND
     L<>2) THEN GOTO 1900 : REM Bedingung 3
1040 IF J<>3 THEN GOTO 1900                   : REM Bedingung 4
1050 IF B=3 THEN GOTO 1900                    : REM Bedingung 5
1060 IF A=3 AND G=1 THEN GOTO 1900            : REM Bedingung 6
1070 IF (C=1 AND G=1) OR (C=1 AND L=1) OR (G=1 AND L=1) GOTO 1900
1080 IF (I<>3 AND F<>3) AND A<>J GOTO 1900 : REM Bedingung 8
1090 IF H=B OR H=C THEN GOTO 1900             : REM Bedingung 9
```

```
1100 IF I<>F THEN GOTO 1900                    : REM Bedingung 10
1200 W=W+1: REM Anzahl der Lösungen
1500 PRINT A;B;C;" ";F;G;H;" ";I;J;L;" ";W: REM Ausgabe der Lösung
1900 RETURN
```

Pascal-Programm 3P   Dringende Entscheidung

```
PROGRAM Prog3P;    {Dringende Entscheidung}
VAR
 A,B,C,F,G,H,I,J,L,W: integer;

PROCEDURE Bedingungen;
 BEGIN
  IF (C=3) OR (G=3) OR (L=3) THEN EXIT;        {Bedingung 1}
  IF (F<>1) AND (I<>1) THEN EXIT;              {Bedingung 2}
  IF ((H<>2) AND (A<>2)) OR ((H<>2) AND (L<>2))
    OR ((A<>2) AND (L<>2)) THEN EXIT;          {Bedingung 3}
  IF J<>3 THEN EXIT;                           {Bedingung 4}
  IF B=3 THEN EXIT;                            {Bedingung 5}
  IF (A=3) AND (G=1) THEN EXIT;                {Bedingung 6}
  IF ((C=1) AND (G=1)) OR ((C=1) AND (L=1))
    OR ((G=1) AND (L=1)) THEN EXIT;            {Bedingung 7}
  IF ((I<>3) AND (F<>3)) AND (A<>J) THEN EXIT; {Bed. 8}
  IF (H=B) OR (H=C) THEN EXIT;                 {Bedingung 9}
  IF I<>F THEN EXIT;                           {Bedingung 10}
  W:=W+1;                                      {Anzahl der Lösungen}
  writeln(A,B,C,' ',F,G,H,' ',I,J,L,' ',W) {Ausgabe der Lösung}
 END; {von Prozedur Bedingungen}

BEGIN   {Hauptprogramm}
 W:=0;
 writeln('ABC FGH IJL Lösung');   {Überschrift}
 writeln('------------------');
 FOR A:=1 TO 3 DO
  FOR B:=1 TO 3 DO
   FOR C:=1 TO 3 DO
    FOR F:=1 TO 3 DO
     FOR G:=1 TO 3 DO
      FOR H:=1 TO 3 DO
```

```
            FOR I:=1 TO 3 DO
              FOR J:=1 TO 3 DO
                FOR L:=1 TO 3 DO
                  Bedingungen
END.          {von Programm}
```

Bedingungen

Im Unterprogramm 1 und in der Prozedur Bedingungen ist in den betreffenden Programmzeilen die Nummer der dazugehörigen Bedingung angegeben. Mit diesen Angaben und den Erläuterungen bei den vorigen Rätseln werden Sie vermutlich in der Lage sein, die Umsetzung der Bedingungen in Anweisungen nachzuvollziehen. Wenn das bei der einen oder anderen Bedingung nicht ganz glückt, sollten Sie die betreffende Zeile zunächst so übernehmen. Da derartige Umsetzungen noch oft stattfinden, werden Sie Ihnen bald locker von der Hand gehen.

Ausgabe

Eine Kombination, die zu keiner Bedingung im Widerspruch steht, stellt die Lösung dar und wird ausgegeben, bei richtigem Lösungsgang:

```
ABC FGH IJL Lösung
------------------
311 122 132 1
```

Demnach werden stimmen:

— für das Projekt Krankenhaus: Bittner, Cordes, Fischer, Ibrug (4 Stimmen);
— für das Projekt Kindergarten: Gruber, Hartmann, Lachmann (3 Stimmen);
— für das Projekt Straßenausbau: Augustin, Jung (2 Stimmen).

Der Rechner muß bei der Ermittlung der Lösung $3^9 = 19\,683$ Möglichkeiten untersuchen, so daß die Verarbeitung entsprechend lange dauert.

4 EXOTISCHE PFLANZEN (1)

4.1 Anbaubedingungen

Andreas ist Hobby-Botaniker. Einen großen Teil des Hausgartens hat er mit im hiesigen Raum unbekannten Gewächsen bepflanzt. Augenfällig ist ein großes rundes Beet, dessen sechs Sektoren mit Pflanzen jeweils einer anderen Gattung bewachsen sind. Auf kleinen, in den Sektoren steckenden Tafeln steht: Basellum, Hieracium, Knautius, Phyllitus, Ranunculus, Zizanius. Ob diese Namen richtig sind, ist fraglich — vollständig sind sie jedenfalls nicht.

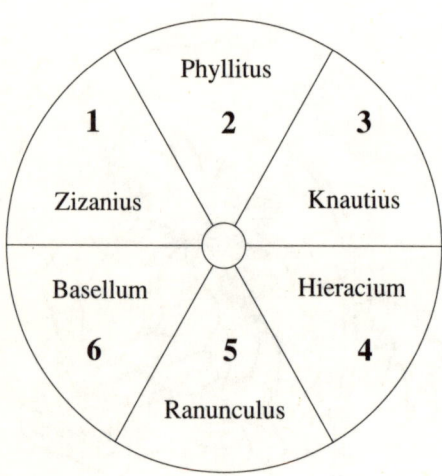

Bild 1:   Beet mit 6 Sektoren

Schon in diesem Sommer macht er sich Gedanken, auf welchen Sektoren diese Gewächse im nächsten Jahr anzupflanzen sind. Nach seiner Meinung ist dabei zu beachten:

1 Keine Pflanze derselben Art darf in aufeinanderfolgenden Jahren auf demselben Sektor stehen.
2 Wegen der Lichtverhältnisse sind Gewächse mit der Bezeichnung Ranunculus nur auf den Sektoren 4 bis 6 und mit der Bezeichnung Zizanius nur auf den

Sektoren 1 bis 3 pflanzbar.
3 Wegen ihrer Wuchshöhe dürfen die mit Hieracium bezeichneten Pflanzen nicht auf dem Sektor 5 oder 6 angebaut werden.
4 Aus Gründen der Pflanzensoziologie dürfen Gewächse folgender Arten nicht benachbart angepflanzt werden:
   a) Zizanius und Ranunculus
   b) Phyllitus und Hieracium
   c) Phyllitus und Basellum
   d) Knautius und Ranunculus
   e) Hieracium und Zizanius

Gibt es eine oder mehrere Anordnungen, bei der alle Bedingungen erfüllbar sind?

4.2 Der Bebauungsplan

Bei diesem Rätsel handelt es sich um 2 Mengen mit je 6 Elementen. Im Gegensatz zu den bisherigen Rätseln wiederholt sich keines der Elemente. Jedes Element der einen Menge ist je einem Element der anderen Menge zuzuordnen. Rätsel dieser Art nennt man *Zuordnungsrätsel*. Die Lösung besteht darin, diejenigen Zuordnungen der sechs Pflanzenarten zu den sechs Sektoren zu finden, die den Bedingungen nicht widersprechen. Einzelheiten gehen aus den Programmen 4 und 4P hervor.

BASIC-Programm 4   Exotische Pflanzen

```
10   REM Programm 4 "Exotische Pflanzen"
20   W=0
30   PRINT "B H K P R Z Lösung": REM Überschrift
32   PRINT "-----------------"
98   :
100  REM ------- Bildung der Permutationen ---------------------
110  FOR B=1 TO 6: FOR H=1 TO 6
115  IF B=H THEN GOTO 808
```

```
120  FOR K=1 TO 6
125  IF B=K OR H=K THEN GOTO 806
130  FOR P=1 TO 6
135  IF B=P OR H=P OR K=P THEN GOTO 804
140  FOR R=1 TO 6
145  IF B=R OR H=R OR K=R OR P=R THEN GOTO 802
150  FOR Z=1 TO 6
155  IF B=Z OR H=Z OR K=Z OR P=Z OR R=Z THEN GOTO 800
198  :
200  GOSUB 1000: REM --- Zu Unterprogramm 1 (Bedingungen, Ausgabe)
798  :
800  NEXT Z
802  NEXT R
804  NEXT P
806  NEXT K
808  NEXT H
810  NEXT B
900  END
998  :
1000 REM * * * Unterprogramm 1: Bedingungen, Ausgabe d. Lösung * *
1100 IF Z=1 OR P=2 OR K=3 OR H=4 OR R=5 OR B=6 GOTO 1900: REM B. 1
1200 IF R<4 OR Z>3 THEN GOTO 1900:    REM Bedingung 2
1300 IF H=5 OR H=6 THEN GOTO 1900:    REM Bedingung 3
1400 IF Z=R+1 OR Z=R-1 THEN GOTO 1900: REM Bedingung 4a
1405 IF (Z=1 AND R=6) OR (Z=6 AND R=1) THEN GOTO 1900
1420 IF P=H+1 OR P=H-1 THEN GOTO 1900: REM Bedingung 4b
1425 IF (P=1 AND H=6) OR (P=6 AND H=1) THEN GOTO 1900
1440 IF P=B+1 OR P=B-1 THEN GOTO 1900: REM Bedingung 4c
1445 IF (P=1 AND B=6) OR (P=6 AND B=1) THEN GOTO 1900
1460 IF K=R+1 OR K=R-1 THEN GOTO 1900: REM Bedingung 4d
1465 IF (K=1 AND R=6) OR (K=6 AND R=1) THEN GOTO 1900
1480 IF H=Z+1 OR H=Z-1 THEN GOTO 1900: REM Bedingung 4e
1485 IF (H=1 AND Z=6) OR (H=6 AND Z=1) THEN GOTO 1900
1200 W=W+1: REM Anzahl der Lösungen
1500 PRINT B;H;K;P;R;Z;" ";W: REM Ausg. d. Lösung
1900 RETURN
```

Pascal-Programm 4P   Exotische Pflanzen

```pascal
PROGRAM Prog4P;   {Exotische Pflanzen}
VAR
 B,H,K,P,R,Z,W: integer;

PROCEDURE Bedingungen_Ausgabe;
 BEGIN
  {Bedingung 1}
  IF (Z=1) OR (P=2) OR (K=3) OR (H=4) OR (R=5) OR (B=6) THEN
   EXIT;
  {Bedingung 2}
  IF (R<4) OR (Z>3) THEN EXIT;
  {Bedingung 3}
  IF (H=5) OR (H=6) THEN EXIT;
  {Bedingung 4a}
  IF (Z=R+1) OR (Z=R-1) OR ((Z=1) AND (R=6)) OR ((Z=6) AND
   (R=1)) THEN EXIT;
  {Bedingung 4b}
  IF (P=H+1) OR (P=H-1) OR ((P=1) AND (H=6)) OR ((P=6) AND
   (H=1)) THEN EXIT;
  {Bedingung 4c}
  IF (P=B+1) OR (P=B-1) OR ((P=1) AND (B=6)) OR ((P=6) AND
   (B=1)) THEN EXIT;
  {Bedingung 4d}
  IF (K=R+1) OR (K=R-1) OR ((K=1) AND (R=6)) OR ((K=6) AND
   (R=1)) THEN EXIT;
  {Bedingung 4e}
  IF (H=Z+1) OR (H=Z-1) OR ((H=1) AND (Z=6)) OR ((H=6) AND
   (Z=1)) THEN EXIT;
  {Ausgabe der Lösung}
  W:=W+1; {Anzahl der Lösungen}
   writeln(B,' ',H,' ',K,' ',P,' ',R,' ',Z,' ', W)
 END;

BEGIN    {Hauptprogramm}
 W:=0;
 writeln('B H K P R Z Lösung');
 writeln('------------------');
 {Bilden der Permutationen}
 FOR B:=1 TO 6 DO
```

```
        FOR H:=1 TO 6 DO IF (H<>B) THEN
         FOR K:=1 TO 6 DO IF (H<>K) AND (B<>K) THEN
          FOR P:=1 TO 6 DO IF (K<>P) AND (H<>P) AND (B<>P) THEN
           FOR R:=1 TO 6 DO IF (P<>R) AND (K<>R) AND (H<>R) AND
           (B<>R) THEN
            FOR Z:=1 TO 6 DO IF (R<>Z) AND (P<>Z) AND (K<>Z)
            AND (H<>Z) AND (B<>Z)
             THEN Bedingungen_Ausgabe
END.
```

Die Lösung wird im wesentlichen in zwei Gruppen von Anweisungen ermittelt:

1. Anweisungen zur Erzeugung von Kombinationen, in denen **alle** Ziffern von 1 bis 6 vorkommen:
   — In BASIC: Zeilen 110 bis 155 in Verbindung mit den NEXT- Anweisungen in den Zeilen 800 bis 810
   — In Pascal: FOR-Schleifen im Hauptprogramm mit zugehörigen IF...THEN-Anweisungen
2. Anweisungen zum Ausscheiden von Kombinationen, die nicht den Bedingungen von Andreas genügen:
   — In BASIC: Unterprogramm 1
   — In Pascal: PROCEDURE Bedingungen_Ausgabe

Kombinationen mit sechs verschiedenen Ziffern

Im Hauptprogramm stehen sechs geschachtelte FOR-Schleifen für die sechs Pflanzenarten; die Anfangsbuchstaben der Gewächse sind die Variablennamen. Jede der Laufvariablen nimmt nacheinander die Werte 1 bis 6 an, die die Sektoren kennzeichnen. Die FOR-Scheifen würden allein (d.h. in BASIC ohne die Zeilen 115, 125 usw., in Pascal ohne die bei den FOR-Anweisungen stehenden IF...THEN-Anweisungen) gleich nach dem Programmstart die erste Kombination erzeugen, in der jede Laufvariable den Wert 1 hat. Richtete man sich bei der Bepflanzung nach dieser Zahlenkombination, dann müßten Gewächse aller sechs Arten auf dem Sektor 1 stehen; die Sektoren 2 bis 6 blieben unbepflanzt. Auch ohne gärtnerische Ambitionen ist erkennbar, daß aus einer solchen Zahlenkombination keine sinnvolle Weisung zum Handeln abgeleitet werden kann. Zur Lösung eignen sich nur solche Kombinationen, in denen alle 6 Ziffern vorkommen, oder — anders ausgedrückt — in denen keine Ziffer mehrfach enthalten ist. Derartige Zusammenstellungen von Zahlen werden in der Mathematik *Permutationen* genannt; auf sie wird nach der eigentlichen Lösung des Rätsels näher eingegangen. Alle anderen Kombinationen sind von weiterer Verarbeitung auszuschließen. Wie dieses geschieht, wird nachfolgend beschrieben.

Bildung von Permutationen im BASIC-Programm

Zur Ausscheidung von Kombinationen, die keine Permutationen sind, dienen die Zeilen 115, 125, 135, 145 und 155. Mit Zeile 115 wird geprüft, ob die Werte von B und H gleich sind, d.h., ob der betreffende Wert mehr als einmal vorkommt. Bei Gleichheit springt die Verarbeitung an das Ende der inneren der beiden Schleifen, zu NEXT H in Zeile 808. Danach wird die Verarbeitung mit dem nächsten Wert von H fortgesetzt.

In der Zeile 125 wird der Wert von K mit dem Wert von B und von H verglichen. Ist einer dieser Werte mit dem von K gleich, dann veranlaßt GOTO einen Sprung an das Ende der Schleife von K. Die Verarbeitung wird anschließend mit dem nächsten Wert von K weitergeführt. — Sinngemäß finden in den Zeilen 135, 145 und 155 Vergleiche zwischen der jeweils schleifeninneren Laufvariablen und allen zu ihr schleifenäußeren Laufvariablen statt.

Zur Weiterverarbeitung in das Unterprogramm 1 kommen somit nur noch solche Kombinationen, die genau einmal alle Ziffern von 1 bis 6 enthalten.

Bildung von Permutationen im Pascal-Programm

Die Anweisung *FOR K:=1 TO 6 DO* wird nur dann ausgeführt, wenn B und H ungleich sind; sinngemäß kommt die Anweisung *FOR P:=1 TO 6 DO* nur dann zur Ausführung, wenn K ungleich B und ungleich H ist usw. Auf diese Art wird erreicht, daß die Prozedur Bedingungen_Ausgabe nur mit Permutationen aufgerufen wird, also nur mit Kombinationen, in denen alle Laufvariablen unterschiedliche Werte haben.

Bedingungen

Das Unterprogramm 1 (BASIC) und die Prozedur Bedingungen_Ausgabe (Pascal) prüfen die Permutationen, ob sie mit den von Andreas aufgestellten Bedingungen in Widerspruch stehen. Bei Widersprüchlichkeit springt die Verarbeitung zurück in das Hauptprogramm (bei BASIC über RETURN). Somit scheidet die betreffende Permutation aus der Verarbeitung aus.

Bedingung 1
Im nächsten Jahr darf keine Pflanze auf demselben Sektor wie in diesem Jahr stehen. Permutationen, nach denen der Standort unverändert ist, sind zu eliminieren; das betrifft also alle Permutationen mit $Z = 1$, $P = 2$, $K = 3$, $H = 4$, $R = 5$ oder $B = 6$.

Bedingung 2
wird nicht entsprochen, wenn $R < 4$ oder $Z > 3$ ist.

Bedingung 3
Die Verarbeitung von Permutationen, in denen H den Wert 5 oder 6 hat, ist zu beenden.

Bedingungen 4a bis 4e
Da ein Nebeneinander von Pflanzen der Gattung Zizanius und Ranunculus vermieden werden muß, darf Z nicht $R+1$ oder $R-1$ sein. Wegen dieser Bedingung darf auch nicht $Z = 1$ zusammen mit $R = 6$ vorkommen, ebenso nicht $Z = 6$ mit $R = 1$. Entsprechendes gilt für die anderen unliebsamen Nachbarschaften.

Lösung

Die Überschrift zur Lösung wird bei Beginn des Programmlaufs ausgegeben. Eine Permutation, deren Verarbeitung nicht durch GOTO 1900 oder EXIT abgebrochen wird, entspricht allen Bedingungen. Sie ist die Lösung oder eine der Lösungen und wird deshalb mit der PRINT-Anweisung in Zeile 1500 bzw. mit der writeln-Anweisung am Ende der Prozedur Bedingungen_Ausgabe auf den Bildschirm gebracht.

Das richtige Ergebnis haben Sie erhalten, wenn die Ausgabe so aussieht:

```
B   H   K   P   R   Z   Lösung
------------------------------
2   1   4   5   6   3   1
```

Demnach hat Andreas im nächsten Jahr nur *eine* Möglichkeit der Bepflanzung. Auf den Sektoren 1 bis 6 sind in dieser Reihenfolge anzubauen: Hieracium, Basellum, Zizanius, Knautius, Phyllitus, Ranunculus.

1.3 Permutationen

Auf wieviele verschiedene Arten kann das Beet bepflanzt werden, wenn die speziellen Bedingungen von Andreas nicht beachtet werden müssen? Zur Beantwortung dieser Frage überlegen wir erst einmal, wie es mit weniger Elementen (Teilflächen) aussieht:

2 Elemente

Für die 2 Elemente a und b gibt es folgende Möglichkeiten der Anordnung:

  1. Möglichkeit   a   b
  2. Möglichkeit   b   a

Insgesamt gibt es also 1 * 2 = 2 mögliche Anordnungen. Dieses entspricht einem Beispiel, bei dem das Beet nur aus zwei Teilflächen besteht und mit zwei Arten gepflanzt werden soll.

3 Elemente

Die 3 Elemente a, b und c können wie folgt angeordnet werden:

    1. Möglichkeit   a b c
    2.   "   a c b
    3.   "   b a c
    4.   "   b c a
    5.   "   c a b
    6.   "   c b a

Insgesamt gibt es also 1 * 2 * 3 = 6 mögliche Anordnungen.

4 und mehr Elemente

Für die 4 Elemente a, b, c und d gibt es 1 * 2 * 3 * 4 = 24 mögliche Anordnungen. Das kann durch Erweiterung des vorstehenden Schemas nachgeprüft werden. Sinngemäß gibt es

    für 5 Elemente 1 * 2 * 3 * 4 * 5 = 120 mögliche Anordnungen
    für 6 Elemente 1 * 2 * 3 * 4 * 5 * 6 = 720 mögliche Anordnungen

Anstelle von 1 * 2 * 3 * 4 * 5 * 6 kann man kurz 6! (sprich „sechs Fakultät") schreiben. Allgemein gilt: Für n Elemente gibt es n! Anordnungen.

Definition

Jede Zusammenstellung einer Zahl von Elementen in irgendeiner Anordnung, in der *sämtliche* Elemente verwendet werden, heißt **Permutation**. Beispielsweise ist in oben aufgeführter Anordnung von 3 Elementen abc eine Permutation, acb eine weitere, usw. Falls alle Elemente untereinander verschieden sind, gibt es von n Elementen n! verschiedene Anordnungen, also n! Permutationen (P_n):

Exotische Pflanzen

$P_n = n!$

„Vorzeigen" der Permutationen

Kehren wir wieder zu unserem Rätsel zurück. Bei ihm gibt es demnach 6! = 720 verschiedene Möglichkeiten, das sechsteilige Beet mit 6 verschiedenen Gewächsen zu bepflanzen (wenn die Bedingungen von Andreas unbeachtet bleiben). Das Unterprogramm 1 wird also 720mal aufgerufen. Es ist sicherlich interessant, sich vom Rechner alle 720 Permutationen vorführen zu lassen. Dazu ist einzufügen:

— in das BASIC-Programm 4:
```
180 N=N+1
190 PRINT B;H;K;P;R;Z;"  ";N
```
Die Programmzeile 20 ist zu erweitern auf
```
20 W=0: N=0
```

— in das Pascal-Programm 4P anstelle von Bedingungen_Ausgabe im Hauptprogramm:
```
BEGIN N:=N+1; writeln(B,H,K,P,R,Z,'    ',N); END;
```
Die Zeile am Anfang des Hauptprogramms ist zu ergänzen auf
```
W:=0; N:=0;
```
Außerdem muß N als Variable deklariert werden.

Die Variable N zählt die Anzahl der Permutationen. Nach Start des Programms laufen (außer der Lösung) 720 Zeilen über den Bildschirm, und zwar von

```
1 2 3 4 5 6    1
```
bis
```
6 5 4 3 2 1    720
```

Die ersten sechs Ziffern in jeder Zeile bilden die jeweilige Permutation, die letzte Zahl ist deren laufende Nummer.

Programmlaufzeit

Grundsätzlich könnte man zuerst die sechs geschachtelten FOR-Schleifen jeweils von 1 bis 6 laufen lassen und erst danach diejenigen Kombinationen „ausmerzen", in denen zwei oder mehr Laufvariable gleiche Werte haben. In diesem Falle würden zunächst 6 * 6 * 6 * 6 * 6 * 6 = 6^6 = 46 656 Kombinationen erzeugt.

>Anmerkung: Genau genommen sind dieses Variationen. Noch genauer: Es sind *Variationen mit Wiederholung* von n = 6 Elementen zur 6. (= k-ten) Klasse. Deren Anzahl $^wV_h^k$ wird nach der Formel
>$$^wV_h^k = n^k$$
>ermittelt. In diesem Buch wird jedoch weiterhin der Oberbegriff *Kombinationen* verwendet.

Im nächsten Schritt müßte der Computer aus den 46 656 Kombinationen die 720 Permutationen heraussuchen. Wären die Programme derartig erstellt, dann müßte bei Gleichheit zweier Werte die Verarbeitung stets an das Ende der *innersten* Schleife springen. Dieser Vorgang würde sich insgesamt 46 656 — 720 = 45 936 Mal wiederholen. Dies hätte beträchtliche Auswirkungen auf die Laufzeit:

Bei einem BASIC-Programm dieser Art würde etwa die zwölffache Laufzeit wie bei Programm 4 benötigt. Ein paar Zahlen sollen die höhere Effizienz von Programm 4 verdeutlichen: Dort werden, wie bereits beschrieben, zunächst die Variablenwerte der beiden *äußeren* Schleifen miteinander verglichen, also B mit H. Bei Gleichheit springt die Verarbeitung an das Ende der inneren dieser beiden Schleifen, also zu NEXT H. Gegenüber einem Sprung an das Ende der innerste Schleife Z erspart das allein in diesem einen Falle 6 * 6 * 6 * 6 = 1296 Schleifenläufe (korrekt 1296 — 1, weil dafür einmal das Schleifenende von H angesprungen wird). Bei Gleichheit von K mit H oder B wird jedesmal die Zahl der Schleifenläufe um 6 * 6 * 6 = 216 verringert, usw. — Diese Überlegungen gelten prinzipiell auch für das Pascal-Programm 4P, bei dem die Schleifenläufe ebenfalls möglichst früh abgebrochen werden.

Zur Lösung und zur Entwicklung umfangreicherer Logikrätsel ist es oft zweckmäßig, die Programme auch hinsichtlich der Laufzeit zu optimieren. Manchmal hängt die (praktische) Lösbarkeit oder Erstellbarkeit eines solchen Rätsels von einer drastischen Verringerung der Laufzeit ab.

5 VOLKSZÄHLUNG

5.1 Pannen am laufenden Band

Nach der letzten Volkszählung gab es bei der Auswertung der Fragebögen von Mistakeswerder eine Panne nach der anderen. Deswegen mußten die EDV-Listen insgesamt dreimal gedruckt werden. Erst in der letzten (= dritten) Liste war zum Beispiel die Religionszugehörigkeit von Neckerau, Neckerbiel, Neckercell, Neckerdoll und Neckereng richtig wiedergegeben. Das geht aus einigen Notizen, die im Zuge der wiederholten Auswertung gemacht wurden, einwandfrei hervor. Soweit war nun, nach dem abschließenden Aufatmen der Auswertungsstrategen, alles im Lot. Doch das Schicksal schlug nochmal zu: Beim Transport war aus der letzten Liste ein Stück herausgerissen worden und verloren gegangen — ein kleiner Fetzen mit der Religionszugehörigkeit der genannten fünf Personen. Es kam noch ärger: Die betreffenden Fragebögen und Speichermedien sowie die zweite Liste waren nicht mehr auffindbar. Nur die erste Liste war noch vorhanden. Folgendes konnte jedoch anhand der bereits erwähnten Notizen rekonstruiert werden:

1 In der zweiten Liste waren alle fünf Zuordnungen der Religion anders als in der ersten Liste.
2 In der ersten Liste war nur für eine der besagten 5 Personen die Religionszugehörigkeit richtig angegeben.
3 In der zweiten Liste war ebenfalls nur eine der 5 Angaben richtig.
4 In der richtigen Liste (= dritter EDV-Ausdruck) war bei Neckerau die Religion angegeben, die bei Neckerbiel in der zweiten Liste stand.
5 Bei Neckerau stand in der zweiten Liste die richtige Religion von Neckerbiel.
6 Derjenige, bei dem im 2. EDV-Ausdruck die zuerst bei Neckerau angegebene Religion gestanden hatte, bekam in der dritten Liste die bei Neckereng in der zweiten Liste gestandene Religion zugeordnet.
7 In der dritten Liste stand die bei Neckercell in der zweiten Liste angegebene Religion bei demjenigen, bei dem in der zweiten Liste die zuerst Neckereng zugeordnete Religion gestanden hatte.

Aus der ersten Liste waren folgende Zuordnungen zu entnehmen:

Neckerau	keiner Religionsgemeinschaft zugehörig
Neckerbiel	evangelisch
Neckercell	andere Religionsgemeinschaft
Neckerdoll	freikirchlich
Neckereng	römisch-katholisch

Bekannt war außerdem, daß sowohl in der zweiten als auch in der dritten Liste bei den genannten Personen diese fünf Religionszugehörigkeiten angegeben waren, allerdings in anderer Reihenfolge. Welche Religionszugehörigkeit haben diese fünf Personen und wie war die Zuordnung in der zweiten Liste?

5.2 Die richtige Zuordnung

In jeder der drei Listen kommen bei den fünf Personen die genannten fünf Religionen genau einmal vor (hier ist auch die Bezeichnung „keiner Religionsgemeinschaft zugehörig" als Religionsangabe zu werten). Somit ist dieses Rätsel, wie Rätsel 4, ein Zuordnungsrätsel. Es handelt von drei Mengen mit je fünf Elementen.

Im ersten Lösungsschritt müssen alle grundsätzlich möglichen Zuordnungen Person/Religion gebildet werden (Permutationen). Im zweiten Lösungsschritt sind Zuordnungen von der Weiterverarbeitung auszuschließen, die zu den Bedingungen, d.h. zu den Rekonstruktionen 1 bis 7, im Widerspruch stehen. Im letzten Schritt wird die Lösung ausgegeben.

Bei der Untersuchung auf Widerspruch zu den Lösungsbedingungen müssen die möglichen Zuordnungen aus allen drei Listen gleichzeitig vorliegen. Die Zuordnungen in der Liste 1 sind im Rätsel angegeben und somit bekannt. Die grundsätzlich möglichen Zuordnungen in den Listen 2 und 3 sind prinzipiell wie beim vorigen Rätsel zu bilden, denn auch hier handelt es sich um Permutationen. Der wesentliche Unterschied zum vorigen Rätsel besteht darin, daß diese möglichen Zuordnungen zweimal zu ermitteln sind — je einmal für die Liste 2 und die Liste 3. Außerdem müssen diese beiden Gruppen von Zuordnungen (Liste 2 und Liste

3) miteinander kombiniert werden. Für die Listen 2 und 3 zusammen gibt es somit 5! * 5! = 120 * 120 = 14 400 verschiedene Möglichkeiten.

BASIC-Programm 5 Volkszählung

```
10   REM Programm 5 "Volkszählung"
100  GOSUB 1000: REM Zu Unterprogramm 1 (Erläuterungen, Überschrift)
102  :
105  REM ---- Bildung der Permutationen, Prüfung auf Bedingung 1 ---
110  FOR A2=1 TO 5
112  IF A2=1 THEN GOTO 808: REM Bedingung 1
120  FOR B2=1 TO 5
122  IF B2=2 THEN GOTO 806: REM Bedingung 1
124  IF A2=B2 THEN GOTO 806: REM Permutation, Liste 2
130  FOR C2=1 TO 5
132  IF C2=3 THEN GOTO 804: REM Bedingung 1
134  IF A2=C2 OR B2=C2 THEN GOTO 804: REM Permutation, Liste 2
140  FOR D2=1 TO 5
142  IF D2=4 THEN GOTO 802: REM Bedingung 1
144  IF A2=D2 OR B2=D2 OR C2=D2 THEN GOTO 802: REM Permutation, Liste 2
150  FOR E2=1 TO 5
152  IF E2=5 THEN GOTO 800: REM Bedingung 1
154  IF A2=E2 OR B2=E2 OR C2=E2 OR D2=E2 THEN GOTO 800: REM Perm., L. 2
199  :
220  FOR A3=1 TO 5: FOR B3=1 TO 5
224  IF A3=B3 THEN GOTO 706: REM Permutation, Liste 3
230  FOR C3=1 TO 5
234  IF A3=C3 OR B3=C3 THEN GOTO 704: REM Permutation, Liste 3
240  FOR D3=1 TO 5
244  IF A3=D3 OR B3=D3 OR C3=D3 THEN GOTO 702: REM Permutation, L. 3
250  FOR E3=1 TO 5
254  IF A3=E3 OR B3=E3 OR C3=E3 OR D3=E3 THEN GOTO 700 REM Perm., L. 3
298  :
300  GOSUB 2000: REM --- Zu Unterprogramm 2 (Bedingungen 2 bis 7)
698  :
700  NEXT E3
702  NEXT D3
704  NEXT C3
706  NEXT B3
708  NEXT A3
```

```
 800 NEXT E2
 802 NEXT D2
 804 NEXT C2
 806 NEXT B2
 808 NEXT A2
 900 END
 998 :
1000 REM * * * Unterprogramm 1: Erläuterungen, Überschrift * *
1010 REM ---- Erläuterungen ----
1100 REM A = Neckerau    (in Liste 2: A2;   in Liste 3: A3)
1110 REM B = Neckerbiel  (in Liste 2: B2;   in Liste 3: B3)
1120 REM C = Neckercell  (in Liste 2: C2;   in Liste 3: C3)
1130 REM D = Neckerdoll  (in Liste 2: D2;   in Liste 3: D3)
1140 REM E = Neckereng   (in Liste 2: E2;   in Liste 3: E3)
1200 REM 1 = keiner Religionsgem. angehörig (in L. 1 bei Neckerau)
1210 REM 2 = evangelisch (in Liste 1 bei Neckerbiel)
1220 REM 3 = andere Religionsgem. (in Liste 1 bei Neckercell)
1230 REM 4 = freikirchlich (in Liste 1 bei Neckerdoll)
1240 REM 5 = römisch-katholisch (in Liste 1 bei Neckereng)
1300 REM ---- Überschrift ----
1310 PRINT "Person  A B C D E"
1320 PRINT "        ---------"
1330 PRINT "Liste 1 1 2 3 4 5"
1900 RETURN
1998 :
2000 REM * * * Unterprogramm 2: Bedingungen 2-7, Lösungsausgabe * *
2099 REM --- Bedingung 2 ---
2100 IF (A3<>1 AND B3<>2 AND C3<>3 AND D3<>4 AND E3<>5)
THEN GOTO 2900
2110 IF A3=1 AND (B3=2 OR C3=3 OR D3=4 OR E3=5) THEN GOTO 2900
2120 IF B3=2 AND (C3=3 OR D3=4 OR E3=5) THEN GOTO 2900
2130 IF C3=3 AND (D3=4 OR E3=5) THEN GOTO 2900
2140 IF D3=4 AND E3=5 THEN GOTO 2900
2199 REM --- Bedingung 3 ---
2200 IF (A3<>A2 AND B3<>B2 AND C3<>C2 AND D3<>D2 AND E3<>
E2) THEN GOTO 2900
2210 IF A3=A2 AND (B3=B2 OR C3=C2 OR D3=D2 OR E3=E2) THEN GOTO 2900
2220 IF B3=B2 AND (C3=C2 OR D3=D2 OR E3=E2) THEN GOTO 2900
2230 IF C3=C2 AND (D3=D2 OR E3=E2) THEN GOTO 2900
2240 IF D3=D2 AND E3=E2 THEN GOTO 2900
2299 REM --- Bedingung 4 ---
```

```
2300 IF A3<>B2 THEN GOTO 2900
2399 REM --- Bedingung 5 ---
2400 IF B3<>A2 THEN GOTO 2900
2499 REM --- Bedingung 6 ---
2500 IF B2=1 AND B3<>E2 THEN GOTO 2900
2510 IF C2=1 AND C3<>E2 THEN GOTO 2900
2520 IF D2=1 AND D3<>E2 THEN GOTO 2900
2530 IF E2=1 AND E3<>E2 THEN GOTO 2900
2599 REM --- Bedingung 7 ---
2600 IF A2=5 AND A3<>C2 THEN GOTO 2900
2610 IF B2=5 AND B3<>C2 THEN GOTO 2900
2620 IF C2=5 AND C3<>C2 THEN GOTO 2900
2630 IF D2=5 AND D3<>C2 THEN GOTO 2900
2799 REM --- Ausgabe der Lösung ---
2800 PRINT "Liste 2   ";A2;B2;C2;D2;E2
2810 PRINT "Liste 3   ";A3;B3;C3;D3;E3
2900 RETURN
```

Pascal-Programm 5P   Volkszählung

```
PROGRAM Prog5P;       {Volkszählung}
VAR
 A2,B2,C2,D2,E2,A3,B3,C3,D3,E3:     integer;

PROCEDURE Bedingungen_Ausgabe;
 BEGIN

  {Bedingung 2}
  IF NOT ((A3=1) OR (B3=2) OR (C3=3) OR (D3=4) OR (E3=5)) THEN EXIT;
  IF (A3=1) AND NOT ((B3<>2) AND (C3<>3) AND (D3<>4) AND
     (E3<>5)) THEN EXIT;
  IF (B3=2) AND NOT ((A3<>1) AND (C3<>3) AND (D3<>4) AND
     (E3<>5)) THEN EXIT;
  IF (C3=3) AND NOT ((A3<>1) AND (B3<>2) AND (D3<>4) AND
     (E3<>5)) THEN EXIT;
  IF (D3=4) AND NOT ((A3<>1) AND (B3<>2) AND (C3<>3) AND
     (E3<>5)) THEN EXIT;
  IF (E3=5) AND NOT ((A3<>1) AND (B3<>2) AND (C3<>3) AND
     (D3<>4)) THEN EXIT;
```

```
{Bedingung 3}
IF NOT ((A3=A2) OR (B3=B2) OR (C3=C2) OR (D3=D2) OR (E3=E2)) THEN
   EXIT;
IF (A3=A2) AND NOT ((B3<>B2) AND (C3<>C2) AND (D3<>D2) AND
   (E3<>E2)) THEN EXIT;
IF (B3=B2) AND NOT ((A3<>A2) AND (C3<>C2) AND (D3<>D2) AND
   (E3<>E2)) THEN EXIT;
IF (C3=C2) AND NOT ((A3<>A2) AND (B3<>B2) AND (D3<>D2) AND
   (E3<>E2)) THEN EXIT;
IF (D3=D2) AND NOT ((A3<>A2) AND (B3<>B2) AND (C3<>C2) AND
   (E3<>E2)) THEN EXIT;
IF (E3=E2) AND NOT ((A3<>A2) AND (B3<>B2) AND (C3<>C2) AND
   (D3<>D2)) THEN EXIT;

{Bedingung 4}
IF A3<>B2 THEN EXIT;

{Bedingung 5}
IF B3<>A2 THEN EXIT;

{Bedingung 6})
IF (B2=1) AND (B3<>E2) THEN EXIT;
IF (C2=1) AND (C3<>E2) THEN EXIT;
IF (D2=1) AND (D3<>E2) THEN EXIT;
IF (E2=1) AND (E3<>E2) THEN EXIT;

{Bedingung 7}
IF (A2=5) AND (A3<>C2) THEN EXIT;
IF (B2=5) AND (B3<>C2) THEN EXIT;
IF (C2=5) AND (C3<>C2) THEN EXIT;
IF (D2=5) AND (D3<>C2) THEN EXIT;

{Ausgabe der Lösung}
writeln('Liste 2  ',A2,'  ',B2,'  ',C2,'  ',D2,'  ',E2);
writeln('Liste 3  ',A3,'  ',B3,'  ',C3,'  ',D3,'  ',E3)
END; {Prozedur Bedingungen_Ausgabe}

BEGIN   {Hauptprogramm}
A2:=0;B2:=0;C2:=0;D2:=0;E2:=0;A3:=0;B3:=0;C3:=0;D3:=0;E3:=0;
writeln('Person   A B C D E');   {Überschrift}
writeln('         ---------');
```

```
writeln('Liste 1   1 2 3 4 5');

{Bilden der Permutationen und Prüfen auf Bedingung 1}
FOR A2:=1 TO 5 DO IF (A2<>1) THEN
  FOR B2:=1 TO 5 DO IF (B2<>2) AND (B2<>A2) THEN
    FOR C2:=1 TO 5 DO IF (C2<>3) AND (C2<>B2) AND (C2<>A2) THEN
      FOR D2:=1 TO 5 DO IF (D2<>4) AND (D2<>C2) AND (D2<>B2)
          AND (D2<>A2) THEN
        FOR E2:=1 TO 5 DO IF (E2<>5) AND (E2<>D2) AND (E2<>C2)
            AND (E2<>B2) AND (E2<>A2) THEN
          FOR A3:=1 TO 5 DO
            FOR B3:=1 TO 5 DO IF (B3<>A3) THEN
              FOR C3:=1 TO 5 DO IF (C3<>B3) AND (C3<>A3) THEN
                FOR D3:=1 TO 5 DO IF (D3<>C3) AND (D3<>B3) AND (D3<>A3)
                    THEN
                  FOR E3:=1 TO 5 DO IF (E3<>D3) AND (E3<>C3) AND
                      (E3<>B3) AND (E3<>A3) THEN
                    Bedingungen_Ausgabe
END. {PROGRAM}
```

Die Programme enthalten für jede Person zwei FOR-Schleifen, je eine für Liste 2 und Liste 3. Die Bezeichnungen der Laufvariablen und die Bedeutungen der Werte sind aus Unterprogramm 1 von Programm 5 ersichtlich, sie gelten auch für das Pascal-Programm. Die insgesamt zehn Schleifen sind geschachtelt. Jede Kombination enthält somit zehn Werte: die der Laufvariablen A2 bis E2 und A3 bis E3.

Die Schleifen sind im Prinzip wie bei Programm 4 und 4P angeordnet, nämlich so, daß möglichst viele Kombinationen in den *äußeren* Schleifen aus der Verarbeitung ausgeschieden werden. Auf diese Art werden die Permutationen für Liste 2 und Liste 3 gebildet (in BASIC: Zeilen 124, 134, 144, 154 sowie Zeilen 224, 234, 244, 254; in Pascal: IF...THEN-Anweisungen im Hauptprogramm). Außerdem werden in den fünf äußeren Schleifen Kombinationen eliminiert, die der Bedingung 1 widersprechen, bei denen also A2 = 1, B2 = 2, C2 = 3, D2 = 4 oder E2 = 5 ist (z.B. Zeilen 112...152).

Unterprogramm 2,
PROCEDURE Bedingungen_Ausgabe

Mit diesem Unterprogramm bzw. dieser Prozedur werden alle Kombinationen ausgesondert, die zu den Bedingungen 2 bis 7 im Widerspruch stehen.

Bedingung 2
Mit der ersten Zeile werden alle Kombinationen eliminiert (in BASIC mit GOTO 2900; in Pascal mit EXIT), in denen nicht *mindestens* bei einer Person der Wert von Liste 3 und Liste 1 übereinstimmt. Mit den weiteren vier bzw.fünf Zeilen werden alle Kombinationen ausgeschieden, in denen bei *mehr* als einer Person die Werte in Liste 3 und Liste 1 übereinstimmen.

Bedingung 3
Ähnlich Bedingung 2.

Bedingung 4
Dürfte beim Lesen der Programmzeile ohne weitere Erklärungen verständlich sein.

Bedingung 5
Ähnlich Bedingung 4.

Bedingung 6
Bei Neckerau steht in der ersten Liste der Wert 1. Demjenigen nun, bei dem in der zweiten Liste dieser Wert 1 steht, soll in der dritten Liste der Wert von E2 zugeordnet sein. Ist beispielsweise in einer Kombination B2 = 1, dann muß in ihr B3 = E2 sein, denn B2 und B3 bezeichnen dieselbe Person (Neckerbiel) und der Wert von E2 entspricht der Religion von Neckereng in der 2. Liste (wobei E2 zunächst jeden Wert von 1 bis 5 annehmen kann). Eine solche Kombination mit B2 = 1 muß also aus der Verarbeitung genommen werden, wenn B3 < > E2 ist (erste Zeile). Analog müssen in einer Kombination mit C2 = 1 die Werte

von C3 und E2 gleich sein (zweite Zeile). Entsprechendes gilt für Kombinationen mit D2 = 1 und E2 = 1.

Bedingung 7
Sinngemäß wie Bedingung 6.

Ergebnis

Eine Kombination, die zu keiner Bedingung widersprüchlich ist, stellt die Lösung dar. Sie wird mit den PRINT- bzw. writeln-Anweisungen in Form einer Tabelle ausgegeben. Der Kopf der Tabelle und die Angaben von Liste 1 sind vorher ausgegeben worden: von Unterprogramm 1 (BASIC) bzw. vom Hauptprogramm (Pascal). Bei fehlerfreier Lösung erscheint:

```
Person   A  B  C  C  E
        ---------------
Liste 1  1  2  3  4  5
Liste 2  2  4  5  1  3
Liste 3  4  2  5  3  1
```

Die richtige Religionszugehörigkeit steht in Liste 3, also ist

Neckerau	freikirchlich,
Neckerbiel	evangelisch,
Neckercell	römisch-katholisch,
Neckerdoll	anderer Religionsgemeinschaft zugehörig,
Neckereng	keiner Religionsgemeinschaft zugehörig.

6 WANDERN IM KARWENDELGEBIRGE

6.1 Die Anreise

Die Wirtin der Pension „Zum schnellen Aufstieg" hat über die drei erwarteten Gäste nur spärliche Informationen. Sie weiß zwar, daß sie gemeinsam eine Woche im Karwendelgebirge wandern wollen. Sie kennt auch deren Namen, Wohnorte und Verkehrsmittel: Frau Bergmann, Herr Drombusch, Herr Tillmann; Berlin, Limburg, Celle; Bahn, Flugzeug, PKW. Aber wer von wo und mit welchem Verkehrsmittel kommt, weiß sie größtenteils nicht. An einiges kann sie sich erinnern:

1 Die mit dem Flugzeug anreisende Person wohnt nicht in Berlin.
2 Herr Tillmann kommt mit der Bahn.
3 Aus Limburg kommt eine Person mit „mann" im Namen.
4 Die mit dem PKW anreisende Person, die so alt ist wie der weibliche Teilnehmer, hatte in der Planungsphase mit der Person aus Berlin telefoniert.

Können wir der Wirtin ein vollständiges Bild vermitteln?

6.2 Hilfe für die Wirtin

Methode

In diesem Rätsel sind die Elemente von drei Mengen einander zuzuordnen, und zwar die Mengen: Namen (A), Wohnorte (B) und Verkehrsmittel (C). Jede Menge enthält drei Elemente:
— Elemente der Menge A: 1 = Frau Bergmann, 2 = Herr Drombusch, 3 = Herr Tillmann
— Elemente der Menge B: 1 = Berlin, 2 = Limburg, 3 = Celle
— Elemente der Menge C: 1 = Bahn, 2 = Flugzeug, 3 = PKW

Es handelt sich also um ein Zuordnungrätsel mit drei Mengen. Wir könnten es deshalb wie Rätsel 5 mit Permutationen lösen. Bei größeren Zuordnungsrätseln ist jedoch die Lösung mit Permutationen nicht effektiv genug. Bei der „Permutationsmethode" müssen nämlich die Permutationen jeder Menge mit den Permutationen aller anderen Mengen kombiniert werden. Das sind z.B. bei Rätsel 7, das von vier Mengen (M) mit je fünf Elementen (E) handelt, bereits 5! * 5! * 5! = 120 * 120 * 120 = 1 728 000 Zuordnungsmöglichkeiten (Z). Allgemein ergibt sich die Zahl der möglichen Zuordnungen aus der Formel

$$Z = (E!)^{(M-1)}$$

Zur Lösung des Übungsbeispiels 9.6, das von sieben Mengen mit je sechs Elementen und somit ca. 1,4 * 10^{17} Zuordnungsmöglichkeiten handelt, wäre bei diesem Vorgehen eine Laufzeit von etwa 320 Jahren erforderlich, falls der Computer je Sekunde 14 Millionen Zuordnungsmöglichkeiten „abarbeiten" würde. Allerdings könnte diese Programmlaufzeit durch Entscheidungsfindungen in äußeren Schleifen beträchtlich gesenkt werden. Trotzdem muß bei solchen Rätseln mit sehr langen Programmlaufzeiten gerechnet werden. — Im Hinblick auf die Lösung (und Erstellung) größerer Zuordnungsrätsel werden wir eine im allgemeinen effektivere, d.h. schnellere Art der Lösung anwenden: die *Mehrschrittmethode*. Auch bei ihr gibt es die gleiche Zahl von möglichen Zuordnungen (= Lösungsmöglichkeiten), jedoch wird der weitaus größte Teil bereits beim Lösungsschritt b (s.u.) in sehr kurzer Zeit aus dem Lösungsgang ausgeschieden.

Übersicht

Die Lösung erhält man durch folgende Schritte:

a) Alle Elemente aller Mengen sind in jedweder Möglichkeit einander zuzuordnen, d.h. es sind dreistellige Kombinationen aus den Werten von A, B und C zu bilden.
b) Jede Kombination ist aus dem Lösungsgang zu nehmen, die zu mindestens einer Bedingung (d.h. zu mindestens einer Erinnerung der Wirtin) im Widerspruch steht.

Hier ist anzumerken, daß mit diesem Schritt nur „direkte Bedingungen" erfaßt werden können, nicht aber „Vergleichsbedingungen" (letztere kommen nicht hier, sondern erst in dem prinzipiell ähnlichen Rätsel 8 vor und werden dort erklärt).

c) Zur Vorbereitung von Schritt d sind aus den im Lösungsgang gebliebenen Kombinationen, den *Auswahlkombinationen*, drei Gruppen zu bilden: je eine mit A = 1, A = 2 und A = 3, d.h. je eine Gruppe für jede Person. Innerhalb jeder Gruppe müssen die laufenden Nummern der Auswahlkombinationen ermittelt werden (T1, T2, T3). Dann sind aus den Elementen jeder Auswahlkombination Feldvariable bzw. Arrays zu bilden, die wir als *Elementwerte* bezeichnen.

d) Nacheinander sind jeweils drei Kombinationen einander gegenüberzustellen: jede Kombination der einen Gruppe mit je einer Kombinationen aus den beiden anderen Gruppen. Dabei sind diejenigen drei Kombinationen (je eine mit A = 1, A = 2 und A = 3) herauszusuchen, bei denen insgesamt kein Wert von B und kein Wert von C mehr als einmal vorkommt (oder anders betrachtet: bei denen sowohl bei B als auch bei C jeder Wert — von 1 bis 3 — genau einmal enthalten ist). Diese drei Kombinationen sind die Lösung — oder eine der Lösungen, falls mehr als eine Lösung existiert.

e) Falls das Rätsel Vergleichsbedingungen enthält (Rätsel 8), dann ist während des Lösungsschrittes d auch auf deren Einhaltung zu achten.

Programme

Der Lösungsgang wird im einzelnen anhand von BASIC-Programm 6, Pascal-Programm 6P und den beiden dazugehörigen Programmablaufplänen erläutert.

BASIC-Programm 6   Wandern im Karwendelgebirge

```
10    REM Programm 6 "Wandern im Karwendelgebirge"
100   GOSUB 1000: REM Zu Unterprogramm 1 "Festlegungen usw."
200   GOSUB 2000: REM Zu Unterprogramm 2 "Erste Reduktion"
220   PRINT "K1 =";K1;" K2 =";K2;" K3 =";K3
230   IF K1=0 OR K2=0 OR K3=0 THEN GOTO 980
300   GOSUB 3000: REM Zu Unterprogramm 3 "Zweite Reduktion"
980   IF Y=0 OR K1=0 OR K2=0 OR K3=0 THEN PRINT "Nicht lösbar"
```

```
990  END
998  :
1000 REM ********* Unterprogramm 1 "Festlegungen usw." *********
1100 REM --- Festlegung der Texte ---
1110 READ A1$,A2$,A3$,B1$,B2$,B3$,C1$,C2$,C3$
1150 DATA "Frau Bergmann,","Herr Drombusch,","Herr Tillmann,"
1160 DATA " Berlin, "," Limburg, "," Celle, "
1170 DATA "Bahn","Flugzeug","PKW"
1200 REM --- Reservierung der Speicherplätze ---
1210 DIM B1(9),C1(9)
1220 DIM B2(9),C2(9)
1230 DIM B3(9),C3(9)
1300 REM --- Festlegung von Anfangswerten ---
1310 T1=0: T2=0: T3=0: K1=0: K2=0: K3=0: Y=0
1400 REM --- Überschrift zur Ausgabe der Zwischenergebnisse ---
1410 PRINT "Bei der ersten Reduktion nicht ausgeschiedene Kombinationen:"
1420 PRINT "A B C"
1430 PRINT "-----"
1900 RETURN
1998 :
2000 REM ********** Unterprogramm 2 "Erste Reduktion" **********
2020 FOR A=1 TO 3: FOR B=1 TO 3: FOR C=1 TO 3
2100 REM --- Direkte Bedingungen ---
2120 IF B=1 AND C=2 THEN GOTO 2900       : REM Bedingung 1
2140 IF A=3 AND C<>1 THEN GOTO 2900      : REM Bedingung 2
2145 IF C=1 AND A<>3 THEN GOTO 2900      : REM Bedingung 2
2160 IF A=2 AND B=2 THEN GOTO 2900       : REM Bedingung 3
2180 IF A=1 AND C=3 THEN GOTO 2900       : REM Bedingung 4
2185 IF C=3 AND B=1 THEN GOTO 2900       : REM Bedingung 4
2700 REM --- Ausgabe der Auswahlkombinationen ---
2710 PRINT A;B;C
2800 REM --- Zuweisung in Gruppen, Bilden der Elementwerte ---
2810 IF A=1 THEN T1=T1+1: K1=T1
2815 IF A=2 THEN T2=T2+1: K2=T2
2820 IF A=3 THEN T3=T3+1: K3=T3
2850 IF A=1 THEN B1(T1)=B: C1(T1)=C
2855 IF A=2 THEN B2(T2)=B: C2(T2)=C
2860 IF A=3 THEN B3(T3)=B: C3(T3)=C
2898 :
2900 NEXT C: NEXT B: NEXT A
```

```
2990 RETURN
2998 :
3000 REM ********* Unterprogramm 3 "Zweite Reduktion" *********
3010 REM --- Ausscheiden von Kombinationen mit gleichen Werten ---
3100 FOR T1=1 TO K1: FOR T2=1 TO K2: FOR T3=1 TO K3
3200 IF B2(T2)=B1(T1) THEN GOTO 3930
3210 IF C2(T2)=C1(T1) THEN GOTO 3930
3300 IF B3(T3)=B2(T2) OR B3(T3)=B1(T1) THEN GOTO 3920
3310 IF C3(T3)=C2(T2) OR C3(T3)=C1(T1) THEN GOTO 3920
3800 REM --- Aufruf des Unterprogramms 5 "Ausgabe der Lösung" ---
3810 X=1: XB=B1(T1): XC=C1(T1): GOSUB 5000
3820 X=2: XB=B2(T2): XC=C2(T2): GOSUB 5000
3830 X=3: XB=B3(T3): XC=C3(T3): GOSUB 5000
3898 :
3920 NEXT T3
3930 NEXT T2
3940 NEXT T1
3990 RETURN
3998 :
5000 REM ********* Unterprogramm 5 "Ausgabe der Lösung" *********
5050 IF X=1 THEN Y=Y+1: PRINT "Lösung ";Y
5100 IF X=1 THEN PRINT A1$;
5110 IF X=2 THEN PRINT A2$;
5120 IF X=3 THEN PRINT A3$;
5200 IF XB=1 THEN PRINT B1$;
5210 IF XB=2 THEN PRINT B2$;
5220 IF XB=3 THEN PRINT B3$;
5300 IF XC=1 THEN PRINT C1$
5310 IF XC=2 THEN PRINT C2$
5320 IF XC=3 THEN PRINT C3$
5900 RETURN
```

Pascal-Programm 6P   Wandern im Karwendelgebirge

```
PROGRAM Prog6P;    {Wandern im Karwendelgebirge}
Label 980;
CONST
 KA1='Frau Bergmann, ';  KA2='Herr Drombusch, ';
                    KA3='Herr Tillmann, ';
 KB1='Berlin, ';         KB2='Limburg, ';         KB3='Celle, ';
```

```
      KC1='Bahn';            KC2='Flugzeug';          KC3='PKW';
   TYPE
    BR=ARRAY[0..9] of integer;
   VAR
    A,B,C,T1,T2,T3,K1,K2,K3,Y,X,Bw,Cw: integer;
    B1,B2,B3,C1,C2,C3: BR;

   PROCEDURE Anfangswerte;
    BEGIN
     T1:=0;T2:=0;T3:=0;K1:=0;K2:=0;K3:=0;Y:=0;
     B1[0]:=0;B2[0]:=0;B3[0]:=0;C1[0]:=0;C2[0]:=0;C3[0]:=0
    END; {von Prozedur Anfangswerte}

   PROCEDURE Erste_Reduktion;
    BEGIN
     {Direkte Bedingungen}
     IF (B=1) AND (C=2) THEN EXIT;   {Bedingung 1}
     IF (A=3) AND (C<>1) THEN EXIT{Bedingung 2}
     IF (C=1) AND (A<>3) THEN EXIT{Bedingung 2}
     IF (A=2) AND (B=2) THEN EXIT;   {Bedingung 3}
     IF (A=1) AND (C=3) THEN EXIT;   {Bedingung 4}
     IF (C=3) AND (B=1) THEN EXIT;   {Bedingung 4}
     {Ausgabe der Auswahlkombinationen}
     writeln(A,B,C);
     {Zuweisung in Gruppen, Bilden der Elementwerte}
     IF A=1 THEN BEGIN T1:=T1+1; K1:=T1; END;
     IF A=2 THEN BEGIN T2:=T2+1; K2:=T2; END;
     IF A=3 THEN BEGIN T3:=T3+1; K3:=T3; END;
     IF A=1 THEN BEGIN B1[T1]:=B; C1[T1]:=C; END;
     IF A=2 THEN BEGIN B2[T2]:=B; C2[T2]:=C; END;
     IF A=3 THEN BEGIN B3[T3]:=B; C3[T3]:=C; END
    END; {von Prozedur   Erste_Reduktion}

   PROCEDURE Ausgabe (XB,XC:integer);
    BEGIN
     CASE X of
      1: BEGIN Y:=Y+1;
         writeln;writeln('Lösung ',Y,':'); write(KA1); END;
      2: write(KA2);
      3: write(KA3); END;
     CASE XB of
```

```
    1: write(KB1);
    2: write(KB2);
    3: write(KB3); END;
   CASE XC of
    1: writeln(KC1);
    2: writeln(KC2);
    3: writeln(KC3);END
   END; {von Prozedur Ausgabe}

PROCEDURE Zweite_Reduktion2;
 BEGIN
   IF (B3[T3]=B2[T2]) OR (B3[T3]=B1[T1]) THEN EXIT;
   IF (C3[T3]=C2[T2]) OR (C3[T3]=C1[T1]) THEN EXIT;
   X:=1; Ausgabe (B1[T1],C1[T1]);
   X:=2; Ausgabe (B2[T2],C2[T2]);
   X:=3; Ausgabe (B3[T3],C3[T3])
 END;  {von Prozedur Zweite_Reduktion2}

PROCEDURE Zweite_Reduktion1;
 BEGIN
   IF (B2[T2]=B1[T1]) THEN EXIT;
   IF (C2[T2]=C1[T1]) THEN EXIT;
   FOR T3:=1 TO K3 DO
     Zweite_Reduktion2
 END; {von Prozedur Zweite_Reduktion1}

BEGIN    {Hauptprogramm}
 Anfangswerte;
 write ('Bei der ersten Reduktion nicht ausgeschiedene');
 writeln(Kombinationen:');
 writeln('ABC');
 writeln('---');
 FOR A:=1 TO 3 DO
  FOR B:=1 TO 3 DO
   FOR C:=1 TO 3 DO
     Erste_Reduktion;
 writeln('K1= ',K1,' K2= ',K2,' K3=',K3);
 IF (K1=0) OR (K2=0) OR (K3=0) THEN GOTO 980;
  FOR T1:=1 TO K1 DO
   FOR T2:=1 TO K2 DO
     Zweite_Reduktion1;
```

```
980:
IF (Y=0) OR (K1=0) OR (K2=0) OR (K3=0) THEN writeln('Nicht lösbar')
END.  {PROGRAM}
```

Die Programme sind modular aufgebaut: Die eigentliche Arbeit wird größtenteils in den Unterprogrammen und Prozeduren geleistet. Beide Hauptprogramme dienen in erster Linie zum Aufrufen von Unterprogrammen bzw. Prozeduren.

Die folgende Zusammenstellung zeigt, in welchen Programmteilen die oben genannten Lösungsschritte stattfinden:

Lösungsschritt	BASIC-Programm 6	Pascal-Programm 6P
a Bildung der Kombinationen	Unterprogramm 2	Hauptprogramm: FOR-Schleifen für A, B, C
b Eliminierung bei Widerspruch zu „direkten Bedingungen"	Unterprogramm 2	PROCEDURE Erste_Reduktion
c Zuweisung in Gruppen und Zerlegung in Elementwerte	Unterprogramm 2	PROCEDURE Erste_Reduktion
d Suche nach 3 Kombinationen mit unterschiedlichen Elementwerten (= Lösung)	Unterprogramm 3 in Verbindung mit Unterprogramm 5	Hauptprogramm (FOR-Schleifen für T1 und T2) in Verbindung mit PROCEDURE: Zweite_Reduktion1, Zweite_Reduktion2, Ausgabe
e Vergleichsbedingungen (falls enthalten)	Unterprogramm 4 in Verbindung mit Unterprogramm 3	PROCEDURE Vergleichsbedingungen

Nachfolgend werden die einzelnen Lösungsschritte beschrieben, außerdem Programmteile, die eine Art „Hilfsfunktion" ausüben und deshalb noch nicht genannt worden sind.

Unterprogramm 1 (BASIC)

(Die Erläuterungen gelten auch für Pascal)

Das Unterprogramm 1 enthält Erläuterungen, Definitionen von Stringvariablen, Reservierungen von Speicherplätzen und Festlegungen von Anfangswerten. Die Reservierung von Speicherplätzen wird bei Rätsel 8 behandelt.

Wandern im Karwendelgebirge

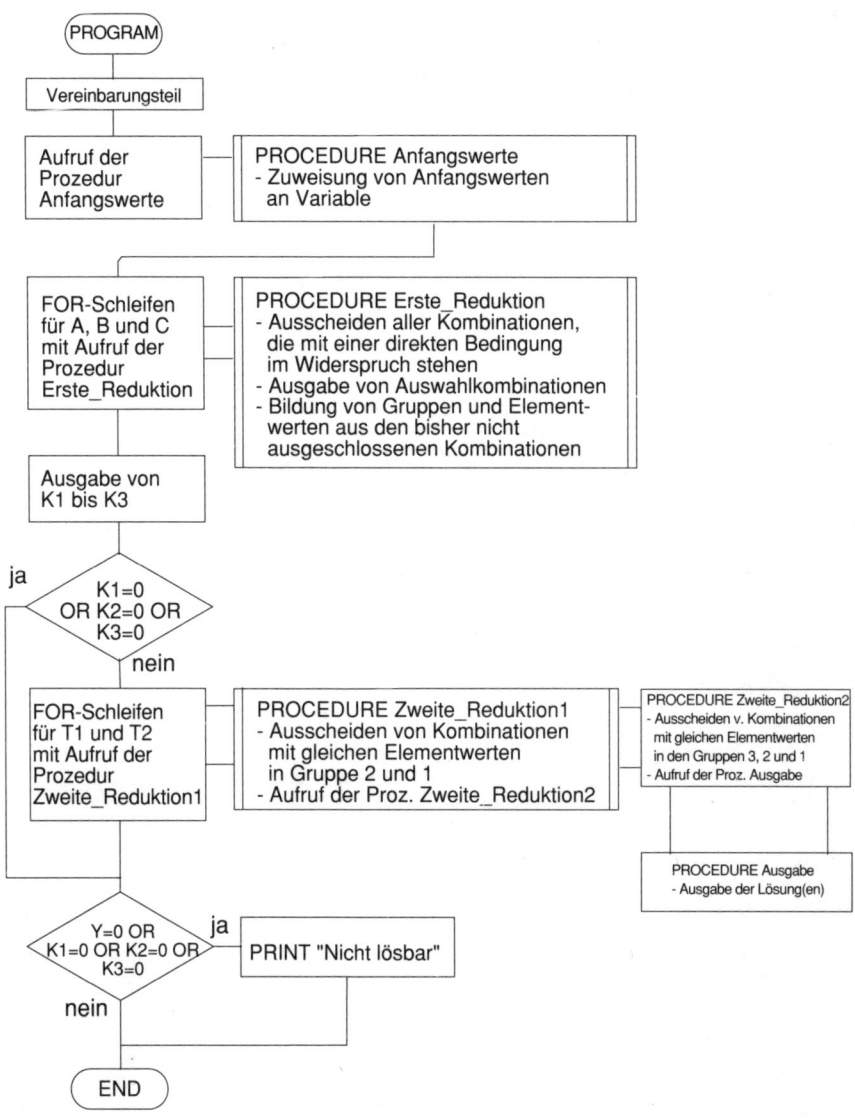

Programmablaufplan zum Pascal-Programm 6P "Wandern im Karwendelgebirge"

Logiktraining mit Logikrätseln

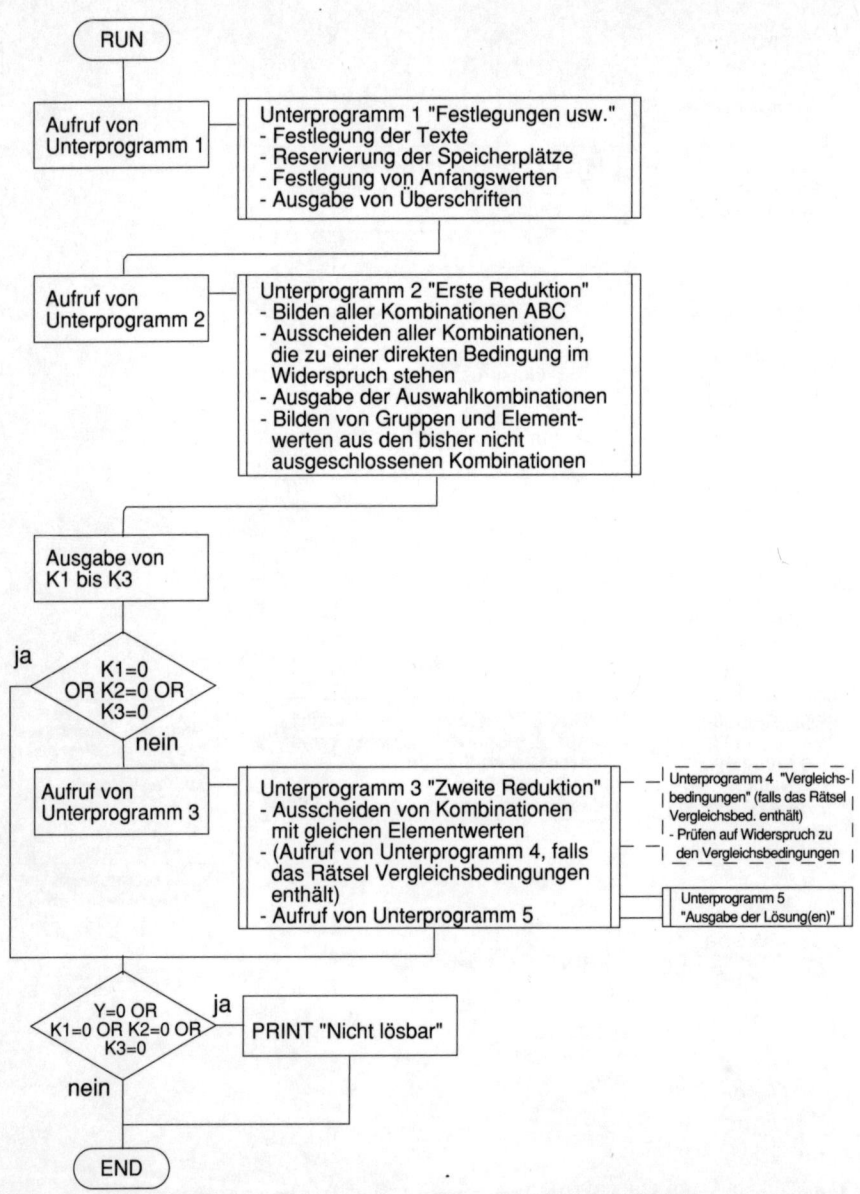

Programmablaufplan zum Basic-Programm 6 "Wandern im Karwendelgebirge"

Prozedur Anfangswerte (Pascal)

Hierin werden verschiedenen Variablen Anfangswerte zugewiesen.

Lösungsschritt a: Bildung der Kombinationen

Mit dem Unterprogramm 2 (BASIC) bzw. mit dem Hauptprogramm (Pascal) werden alle Elemente der verschiedenen Mengen in jeder möglichen Weise einander zugeordnet. Dieses geschieht wie bei den bisherigen Programmen mit FOR-Schleifen. Für jede der Mengen A, B und C existiert eine Schleife. Jede Laufvariable nimmt nacheinander die Werte 1, 2 und 3 an, für jedes Element einen Wert.

Die Schleifendurchgänge ergeben in bekannter Weise die Kombinationen der Elemente aus den drei Mengen:

```
A  B  C
-------
1  1  1
1  1  2
```

usw. bis

```
3  3  2
3  3  3
```

Insgesamt werden hierbei $3^3 = 27$ Kombinationen gebildet. Ohne die „Erinnerungen" der Wirtin ergäben sich daraus $(E!)^{(M-1)} = (3!)^{(3-1)} = 36$ Lösungsmöglichkeiten (= Zuordnungsmöglichkeiten, siehe Unterabschnitt Methode).

Lösungsschritt b: Eliminierung bei Widersprüchlichkeit zu „direkten Bedingungen"

Der Lösungsvorgang hat das Ziel, die Anzahl der Lösungsmöglichkeiten soweit zu beschränken, daß zuletzt nur noch eine Möglichkeit besteht: die Lösung. Dazu werden zunächst diejenigen Kombinationen herausgesucht, die zu den im Rätsel enthaltenen direkten Bedingungen widersprüchlich sind. Bei festgestellter Widersprüchlichkeit wird die Verarbeitung der betreffenden Kombination abgebrochen:

— im BASIC-Programm (Unterprogramm 2) durch Sprung zur Zeile 2900 (NEXT C),
— im Pascal-Programm (Prozedur Erste_Reduktion) durch EXIT.

Bedingung 1

Kombinationen, nach denen die den Luftweg benutzende Person in Berlin wohnt, sind aus dem Lösungsgang auszuscheiden. Das sind also Kombinationen, in denen B gleich 1 und C gleich 2 ist.

Bedingung 2

Kombinationen, nach denen Herr Tillmann nicht mit der Bahn anreist, werden in der beschriebenen Weise aus dem Programmlauf genommen: also solche, in denen A = 3 und C < > 1 ist. Außerdem widersprechen Kombinationen, nach denen die mit der Bahn anreisende Person nicht Tillmann heißt, ebenfalls der Bedingung „Herr Tillmanmn kommt mit der Bahn". Auch solche Kombinationen werden eliminiert (C=1 AND A< >3).

Beide genannten Ausscheidungskriterien sind gleichwertig. Grundsätzlich würde es ausreichen, nur *eine* beliebige dieser beiden Anweisungen im Lösungsgang zu verwenden. Auf das Ergebnis hätte das keinen Einfluß. Allerdings müßte dann der Computer im Unterprogramm 3 bzw. in den Prozeduren Zweite_Reduktion mehr Vergleichsoperationen durchführen. Bei einem Programm mit nur wenigen Bedingungen wie diesem wird die damit verbundene Verlängerung der Rechenzeit kaum eine Rolle spielen. Bei größeren Programmen ist jedoch der zeitliche

Mehraufwand beträchtlich. Es empfiehlt sich, bei einem größeren Programm dieser Art (z.B. bei Rätsel 8) einmal alle drei Möglichkeiten auszuprobieren: je mit dem ersten oder dem zweiten Ausscheidungskriterium sowie mit beiden zusammen. Dabei sind die Programmlaufzeiten und Werte K1 bis K3 (K1 bis K5 bei Rätsel 8) bei den drei Varianten miteinander zu vergleichen (Auf die Werte K1 usw. kommen wir später). Wegen möglichst kurzer Rechenzeit sind beide Anweisungen in die Programme übernommen worden.

Bedingung 3

„Aus Limburg kommt eine Person mit ‚mann' im Namen" besagt: Herr Drombusch kommt nicht aus Limburg. Somit sind alle Kombinationen, nach denen Herr Drombusch sein Domizil in Limburg hat, also A gleich 2 und B gleich 2 ist, aus der Verarbeitung zu nehmen.

Bedingung 4

In dieser Bedingung sind zwei Aussagen enthalten: „Der weibliche Teilnehmer kommt nicht mit dem PKW" und „Die mit dem PKW anreisende Person wohnt nicht in Berlin". Aus ihnen ergeben sich zwei Anweisungen zur Ausscheidung

— von Kombinationen, in denen A = 1 und C = 3 ist, und
— von solchen, in denen C = 3 und B = 1 gleichzeitig vorkommt.

Vergleichende Betrachtung aller 4 Bedingungen

Bei vergleichender Betrachtung aller vier Bedingungen fällt auf, daß die Bedingung 2 am meisten zur Lösung beiträgt. Mit ihr wird eindeutig entschieden, welches Element der Menge A zu welchem Element der Menge C gehört. Alle anderen Zuordnungsmöglichkeiten (Kombinationen) mit diesen beiden Elementen scheiden aus dem Lösungsgang aus: A = 3 kann weder C = 2 noch C = 3 zugeordnet werden, ebensowenig kann C = 1 in Verbindung mit A = 1 oder A = 2 stehen.

Dagegen wird in jeder der drei anderen Bedingungen nur gesagt, welche Elemente nicht zusammengehören. Die in ihnen enthaltenen Informationen schränken lediglich die Zahl der Zuordnungsmöglichkeiten mit den betreffenden Elementen ein: Nach Bedingung 1 beispielsweise kann B = 1 immerhin C = 1 *oder* C =

3 zugeordnet werden, ebenso ist eine Verbindung von C = 2 mit B = 2 *oder* B = 3 möglich.

Die Bedingung 2 ist eine *Entscheidungsbedingung*, alle anderen Bedingungen sind *Einschränkungsbedingungen*. Die Bedingung 4 enthält zwei Einschränkungsbedingungen.

Wir haben die zur Lösung erforderlichen Aussagen meist „Bedingungen" und manchmal „Informationen" genannt. Beide Begriffe bezeichnen hier das gleiche und sind deshalb gleich zu behandeln. Allenfalls kommt in ihnen die Blickrichtung zum Ausdruck: Wer einem anderen ein Rätsel stellt, gibt ihm auch die zur Lösung erforderlichen Informationen. Wer dagegen das Rätsel zu lösen hat, der betrachtet diese Informationen als Bedingungen, denen die Lösung entsprechen muß. Deshalb können wir eine Entscheidungsbedingung auch als *Entscheidungsinformation* bezeichnen, ebenso eine Einschränkungsbedingung als *Einschränkungsinformation*.

Ausgabe der Auswahlkombinationen

Die Auswahlkombinationen, d.h. die bisher nicht ausgeschiedenen Kombinationen, werden — als Zwischenergebnis — ausgegeben. Die Ausgabe dieser Zwischenergebnisse ist zur Lösung des Rätsels an sich nicht erforderlich. Allerdings kann bei der oft nötigen Fehlersuche während der ersten Programmläufe nur selten auf die Darlegung dieser Werte verzichtet werden.

Wenn das Programm bisher richtig gearbeitet hat, erscheinen folgende Zwischenergebnisse auf dem Bildschirm:

```
Bei der ersten Reduktion nicht ausgeschiedene Kombinationen:
A B C
-----
1 2 2
1 3 2
2 3 2
2 3 3
3 1 1
3 2 1
3 3 1
```

Nach diesen Zwischenergebnissen sind folgende Zuordnungen zunächst noch „wahr":

Frau Bergmann, Limburg, Flugzeug	(1 2 2)
Frau Bergmann, Celle, Flugzeug	(1 3 2)
Herr Drombusch, Celle, Flugzeug	(2 3 2)
Herr Drombusch, Celle, PKW	(2 3 3)
Herr Tillmann, Berlin, Bahn	(3 1 1)
Herr Tillmann, Limburg, Bahn	(3 2 1)
Herr Tillmann, Celle, Bahn	(3 3 1)

Mit einer solchen Anzahl von Lösungen ist unserer Wirtin nicht geholfen; sie braucht eine, und nur eine Lösung. Um diese herauszufiltern, bedarf es der „zweiten Reduktion" (= Suche nach drei Kombinationen mit unterschiedlichen Elementwerten). Die Vorbereitung dazu findet im Schritt c statt.

Lösungsschritt c: Zuweisung in Gruppen; Bildung von Elementwerten

Die betreffenden Arbeitsgänge werden erledigt:

— in BASIC im Unterprogramm 2,
— in Pascal in der Prozedur Erste_Reduktion.

Die Auswahlkombinationen sind nun zur Weiterverarbeitung mit dem Unterprogramm 3 „Zweite Reduktion" (BASIC) bzw. den Prozeduren Zweite_Reduktion vorzubereiten. Dazu sind sie in drei Gruppen aufzuteilen: in solche mit A gleich 1, 2 und 3. Innerhalb jeder Gruppe sind die laufenden Nummern dieser Kombinationen zu ermitteln, d.h. die Werte für die Variablen T1 bis T3 zu bilden. Danach sind die Kombinationen in „Elementwerte" aufzuteilen und dabei zu numerieren:

— in BASIC durch Zuweisung der Werte von B an die Feldvariablen B1(T1) ... B3(T3) und der Werte von C an die Feldvariablen C1(T1) ... C3(T3)

— in Pascal durch Zuweisung der Werte von B an die Arrays B1[T1] ... B3[T3] und der Werte von C an die Arrays C1[T1] ... C3[T3].

Anmerkung: Da sich die Elementwerte in Pascal gegenüber BASIC nur durch die Art der Klammern unterscheiden (eckig statt rund), wird im folgenden meist nur die Schreibweise mit runden Klammern aufgeführt: sie gilt auch für Pascal, wobei die runden durch eckige Klammern zu ersetzen sind.

In den Elementwerten sind die zugehörigen Werte von A verschlüsselt enthalten: beispielsweise in B1(T1) und C1(T1) der Wert von A = 1; dieses geht aus der Indexziffer „1" hervor.

Der Wert von T1, also der laufenden Nummer einer Kombination mit A = 1, wird jeweils der Variablen K1 zugewiesen. Somit hat K1 stets den Maximalwert von T1; zuletzt ist der Wert von K1 der Zahl aller Auswahlkombinationen mit A = 1 gleich. Entsprechendes gilt für T2, K2, T3 und K3. Die endgültigen Werte von K1, K2 und K3 gelangen zur Ausgabe. Sie geben u.a. Aufschluß darüber, wieviele Speicherplätze für die Feldvariablen bzw. Arrays mindestens reserviert werden müssen. Bei diesem Rätsel ist K1 = 2, K2 = 2 und K3 = 3.

Eventueller Abbruch des Programmlaufs

Falls nach dem letzten Schleifenlauf einer der Werte K1, K2 oder K3 gleich 0 ist, kann das Rätsel wegen widersprüchlicher Bedingungen nicht gelöst werden, es ist unlösbar. Es können aber auch Fehler in der Programmierung die Ursache sein. In beiden Fällen springt die Verarbeitung zur Zeile 980 bzw. zur Marke 980, woraufhin die Meldung „Nicht lösbar" ausgegeben und die Verarbeitung beendet wird.

Lösungsschritt d: Suche von 3 Kombinationen mit unterschiedlichen Elementwerten

Diese Suche findet statt:

— in BASIC mit Unterprogramm 3 „Zweite Reduktion",
— in Pascal mit FOR-Anweisungen für T1 und T2 im Hauptprogramm in Verbindung mit den Prozeduren Zweite_Reduktion1 und Zweite_Reduktion2.

Bei diesem Lösungsschritt werden diejenigen drei Auswahlkombinationen herausgesucht, in denen alle Werte von A, B und C untereinander verschieden sind. Das entspricht beispielsweise der (stillschweigenden) Bedingung, daß nicht zwei der Personen aus Celle kommen oder zwei der Gäste mit dem Flugzeug anreisen usw. Umgekehrt ist mit diesen drei Kombinationen sichergestellt, daß jedes Element jeder Menge enthalten ist; in ihr kommen somit die drei verschiedenen Personen, Wohnorte und Verkehrsmittel vor. Diese drei Kombinationen repräsentieren die Lösung (oder eine der Lösungen, wenn das Rätsel mehrere Lösungen hat).

Nur BASIC

Das Unterprogramm 3 enthält drei ineinandergeschachtelte Schleifen: Die äußere Schleife läuft von T1 = 1 bis T1 = K1. Sie betrifft also alle Auswahlkombinationen, in denen A den Wert 1 hat (d.h. Kombinationen, die Frau Bergmann betreffen). Analoges gilt für die beiden anderen Schleifen mit T2 und T3. Im Inneren der Schleifen finden die Vergleiche statt:

Die Anweisung in Zeile 3200 bewirkt den Vergleich von B2(T2) mit B1(T1). Bei Gleichheit beider Werte springt die Verarbeitung an das Ende der mittleren Schleife. Somit scheidet die betreffende Kombination mit B2(T2) vorläufig aus der weiteren Verarbeitung aus. Die nächste Prüfung auf Gleichheit findet mit dem Wert B2(T2) der nächsten Kombination aus der Gruppe 2, aber mit demselben Wert von B1(T1) statt. Dieser Wert von B1(T1) in der äußeren Schleife bleibt so lange in der Verarbeitung, bis mit ihm die Vergleiche mit allen Kombinationen der Gruppe 2 stattgefunden haben. Danach kommt die nächste Kombination aus der Gruppe 1 zur Verarbeitung. Wiederum werden die Werte von B2(T2) aller Kombinationen der Gruppe 2 mit dem nun neuen Wert von B1(T1) verglichen. Die Kombinationen aus der Gruppe 2, auch die bei vorherigen Durchläufen vorläufig ausgeschiedenen, gelangen dann bei jeder neuen Kombination aus der Gruppe 1 wieder in die Verarbeitung. Auf diese Weise werden alle Kombinationen der Gruppe 2 mit allen Kombinationen der Gruppe 1 verglichen.

Im selben Schleifenlauf werden mit der Anweisung in Zeile 3210 die Werte von C2(T2) und C1(T1) auf Gleichheit geprüft; bei Gleichheit wird entsprechend verfahren.

Mit Zeile 3300 wird verglichen, ob der Wert von B3(T3) mit dem Wert von B2(T2) oder B1(T1) gleich ist. Gleichheit löst einen Sprung an das Ende der inneren Schleife aus. Die Verarbeitung wird mit der nächsten Kombination der inneren Schleife, d.h. mit der nächsten Kombination der Gruppe 3, aber mit denselben Kombinationen der Gruppe 2 und Gruppe 1 fortgesetzt. Nach Durchlauf aller Kombinationen der Gruppe 3 gelangt die nächste Kombination der Gruppe 2 in die Verarbeitung usw. Jeweils im selben Schleifenlauf findet die entsprechende Prüfung auf Gleichheit von C3(T3) mit C2(T2) sowie C1(T1) statt, Zeile 3310.

Falls in keiner der vier Zeilen 3200 bis 3310 ein Sprung an das Schleifenende hervorgerufen wird, heißt das: Die **Gesamtheit** der drei soeben miteinander verglichenen Kombinationen entspricht allen Bedingungen des Rätsels, sie stellt die Lösung dar.

Nur Pascal

Die FOR-Schleifen für T1 und T2 im Hauptprogramm rufen bei jedem Durchlauf die Prozedur Zweite__Reduktion1 auf. In dieser wird geprüft, ob die Werte von B2[T2] und B1[T1] einander gleich sind, außerdem, ob C2[T2] und C1[T1] gleiche Werte haben. Bei Gleichheit springt die Verarbeitung in das Hauptprogramm zurück (EXIT) und wird mit der nächsten Kombination aus Gruppe 2 fortgesetzt. Sonst, bei Ungleichheit, ruft die FOR-Schleife für T3 die Prozedur Zweite__Reduktion2 auf. Dort wird die Verarbeitung an die Prozedur Erste__Reduktion1 zurückgegeben (EXIT), wenn ein Elementwert der Gruppe 3 mit dem entsprechenden Elementwert der Gruppe 2 oder 1 gleich ist. Falls aber alle Anweisungen ohne Rücksprung abgearbeitet werden, ist erwiesen, daß kein Wert von A, B oder C mehr als einmal vorkommt: diese drei Kombinationen zusammen repräsentieren die Lösung.

Ausgabe der Lösung

Die Lösung wird ausgegeben:

— in BASIC vom Unterprogramm 5 im Zusammenwirken mit Unterprogramm 3,
— in Pascal von der Prozedur Ausgabe im Zusammenwirken mit der Prozedur Zweite_Reduktion2.

Nur BASIC

Die Zeile 3810 ruft das Unterprogramm 5 zur Ausgabe der Lösung auf, soweit sie Frau Bergmann betrifft. Um das abzugrenzen, wird X der Wert 1, XB der Wert von B1(T1) und XC der Wert von C1(T1) zugewiesen. Bei X = 1 gibt das Unterprogramm 5 die Nummer der Lösung aus und — auf die nächste Zeile — den String A1$ „Frau Bergmann". Der Frau Bergmann zuzuordnende Wohnort und das Verkehrsmittel werden mit je einer der Zeilen 5200 bis 5220 und 5300 bis 5320 ausgegeben.

Sinngemäß werden die beiden anderen Namen mit den Texten der dazugehörigen Städte und Fortbewegungsmittel auf den Bildschirm gebracht, jeweils nach besonderem Aufruf durch Zeile 3820 und 3830.

Nur Pascal

Die Prozedur Zweite_Reduktion2 ruft die Prozedur Ausgabe dreimal auf: je einmal für jede der drei Personen mit deren Wohnort und Verkehrsmittel. Beim ersten Aufruf erhalten die lokalen Variablen XB und XC die Werte der globalen Variablen B1[T1] und C1[T1], beim zweiten Aufruf die von B2[T2] und C2[T2], usw. Die Variable X bekommt je nach Aufruf den Wert 1, 2 oder 3 zugewiesen. In der Prozedur Ausgabe bestimmen die Werte von X, XB und XC die Reihenfolge der Ausgabe.

BASIC und Pascal

Bei richtiger Programmierung kommt als **Lösung** auf den Bildschirm:

> Lösung 1
> Frau Bergmann, Limburg, Flugzeug
> Herr Drombusch, Celle, PKW
> Herr Tillmann, Berlin, Bahn

Nach Ausgabe der Lösung läuft das betreffende Programm weiter, bis alle Kombinationen miteinander verglichen sind. Somit werden bei der Entschlüsselung eines Rätsels mit mehr als einer Lösung auch die weiteren Lösungen ausgegeben.

Die Programme sind so aufgebaut, daß sie bei der Lösung von Rätseln mit widersprüchlichem Bedingungssystem die Meldung „Nicht lösbar" ausgeben und den Programmlauf beenden. Das ist der Fall, wenn $Y = 0$ ist, oder — wie schon erwähnt — K1 oder K2 oder K3 den Wert 0 hat.

Anmerkung: Im Programmablaufplan des BASIC-Programms 6 ist gestrichelt ein Unterprogramm „Vergleichsbedingungen" dargestellt, weil es zum allgemeinen Lösungsschema für derartige Rätsel gehört. Es wird später erforderlich, beispielsweise bei der Lösung von Rätsel 8. Bei diesem Rätsel 6 entfällt dieses Unterprogramm, weil keine Vergleichsbedingungen vorkommen.

7 AUTOMOBILWERKSTATT

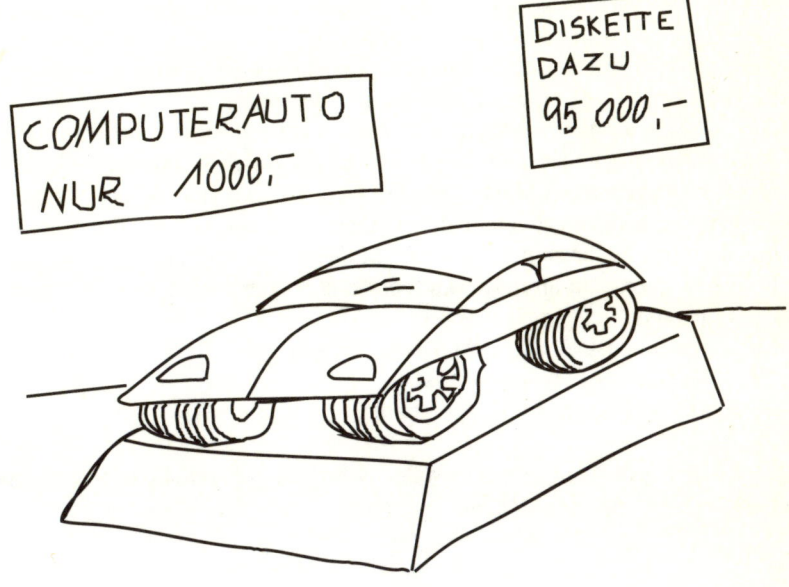

7.1 Vermißter Führerschein

Mechaniker Klein hatte in der letzten Woche an jedem der fünf Arbeitstage einen Schaden an einem Wagen behoben. Jetzt, am Wochenende, vermißt er plötzlich seinen Führerschein. Hat er ihn in einem der Wagen liegengelassen? Um bald gezielt nachfragen und suchen zu können, rekonstruiert er:

1 Am Dienstag wurde Frau Dobrinks Wagen repariert.
2 Der Mittelklassewagen war entweder am Mittwoch, Donnerstag oder Freitag in der Werkstatt.
3 Der Motor des Sportwagens konnte wegen eines fehlenden Ersatzteils zunächst nur provisorisch repariert werden.
4 Herr Berwald war am Donnerstag mit seinem Wagen ganztägig unterwegs. Er gab keinen Auftrag zur Reparatur der Kupplung.
5 Die Schäden an der Beleuchtung wurden nicht am Freitag behoben.
6 Am Donnerstag und am Freitag hat er kein Fahrwerk repariert.
7 Der Oldtimer hatte am Montag und Dienstag an einer auswärtigen Fahrzeugschau teilgenommen; seine Beleuchtungseinrichtungen und Bremsen sind seit der Generalüberholung vor vier Monaten ohne Mängel.
8 Frau Albers brachte ihren Kleinwagen nicht wegen eines Fahrwerkschadens zur Reparatur.
9 Die Luxuslimousine, die nicht Herrn Berwald oder Herrn Gerber gehört, stand am Mittwoch in der Werkstatt.
10 Einer der Wagen gehört Herrn Konitz.

Kann er damit feststellen, wann er welchen Schaden an welchem Wagen repariert hat und wer der Besitzer ist?

7.2 Die Zuordnungen

Der Lösungsgang ist im wesentlichen so wie bei Rätsel 6. Der Umfang ist jedoch größer: hier müssen je 5 Elemente von 4 Mengen einander zugeordnet werden. Einzelheiten sind aus den Programmen 7 (BASIC) und 7P (Pascal) ersichtlich.

BASIC-Programm 7   Automobilwerkstatt

```
10    REM Programm 7 "Automobilwerkstatt"
100   GOSUB 1000: REM Zu Unterprogramm 1 "Festlegungen usw."
200   GOSUB 2000: REM Zu Unterprogramm 2 "Erste Reduktion"
220   PRINT "K1 =";K1;" K2 =";K2;" K3 =";K3;" K4 =";K4;" K5 =
";K5
230   IF K1=0 OR K2=0 OR K3=0 OR K4=0 OR K5=0 THEN GOTO 980
300   GOSUB 3000: REM Zu Unterprogramm 3 "Zweite Reduktion"
980   IF Y=0 OR K1=0 OR K2=0 OR K3=0 OR K4=0 OR K5=0 THEN PRINT "Nic
ht lösbar"
990   END
998   :
1000  REM ********* Unterprogramm 1 "Festlegungen usw." *********
1200  REM --- Reservierung der Speicherplätze ---
1210  DIM B1(125),C1(125),D1(125)
1220  DIM B2(125),C2(125),D2(125)
1230  DIM B3(125),C3(125),D3(125)
1240  DIM B4(125),C4(125),D4(125)
1250  DIM B5(125),C5(125),D5(125)
1300  REM --- Festlegung von Anfangswerten ---
1310  T1=0: T2=0: T3=0: T4=0: T5=0
1315  K1=0: K2=0: K3=0: K4=0 K5=0: Y=0
1400  REM --- Überschrift zur Ausgabe der Zwischenergebnisse ---
1410  PRINT "Bei der ersten Reduktion nicht ausgeschiedene Kombinat
ionen:"
1420  PRINT "A B C D"
1430  PRINT "-------"
1900  RETURN
1998  :
```

Logiktraining mit Logikrätseln

```
2000 REM ********** Unterprogramm 2 "Erste Reduktion" **********
2020 FOR A=1 TO 5: FOR B=1 TO 5: FOR C=1 TO 5: FOR D=1 TO 5
2100 REM --- Direkte Bedingungen ---
2150 IF A=3 AND D<>2 THEN GOTO 2900          : REM Bedingung 1
2160 IF D=2 AND A<>3 THEN GOTO 2900          : REM Bedingung 1
2200 IF B=4 AND (D=1 OR D=2) THEN GOTO 2900  : REM Bedingung 2
2250 IF B=3 AND C<>4 THEN GOTO 2900          : REM Bedingung 3
2260 IF C=4 AND B<>3 THEN GOTO 2900          : REM Bedingung 3
2300 IF A=2 AND D=4 THEN GOTO 2900           : REM Bedingung 4
2310 IF A=2 AND C=5 THEN GOTO 2900           : REM Bedingung 4
2350 IF C=1 AND D=5 THEN GOTO 2900           : REM Bedingung 5
2400 IF C=3 AND (D=4 OR D=5) THEN GOTO 2900  : REM Bedingung 6
2450 IF B=2 AND (D=1 OR D=2) THEN GOTO 2900  : REM Bedingung 7
2460 IF B=2 AND (C=1 OR C=2) THEN GOTO 2900  : REM Bedingung 7
2500 IF A=1 AND B<>5 THEN GOTO 2900          : REM Bedingung 8
2510 IF B=5 AND A<>1 THEN GOTO 2900          : REM Bedingung 8
2520 IF B=5 AND C=3 THEN GOTO 2900           : REM Bedingung 8
2530 IF A=1 AND C=3 THEN GOTO 2900           : REM Bedingung 8
2550 IF B=1 AND D<>3 THEN GOTO 2900          : REM Bedingung 9
2560 IF D=3 AND B<>1 THEN GOTO 2900          : REM Bedingung 9
2570 IF B=1 AND (A=2 OR A=4) THEN GOTO 2900  : REM Bedingung 9
2700 REM --- Ausgabe der Auswahlkombinationen ---
2710 PRINT A;B;C;D
2800 REM --- Zuweisung in Gruppen, Bilden der Elementwerte ---
2810 IF A=1 THEN T1=T1+1: K1=T1
2815 IF A=2 THEN T2=T2+1: K2=T2
2820 IF A=3 THEN T3=T3+1: K3=T3
2825 IF A=4 THEN T4=T4+1: K4=T4
2830 IF A=5 THEN T5=T5+1: K5=T5
2850 IF A=1 THEN B1(T1)=B: C1(T1)=C: D1(T1)=D
2855 IF A=2 THEN B2(T2)=B: C2(T2)=C: D2(T2)=D
2860 IF A=3 THEN B3(T3)=B: C3(T3)=C: D3(T3)=D
2865 IF A=4 THEN B4(T4)=B: C4(T4)=C: D4(T4)=D
2870 IF A=5 THEN B5(T5)=B: C5(T5)=C: D5(T5)=D
2898 :
2900 NEXT D: NEXT C: NEXT B: NEXT A
2990 RETURN
2998 :
3000 REM ********* Unterprogramm 3 "Zweite Reduktion" *********
3010 REM --- Ausscheiden von Kombinationen mit gleichen Werten ---
3100 FOR T1=1 TO K1: FOR T2=1 TO K2: FOR T3=1 TO K3
```

```
3110 FOR T4=1 TO K4: FOR T5=1 TO K5
3200 IF B2(T2)=B1(T1) THEN GOTO 3930
3210 IF C2(T2)=C1(T1) THEN GOTO 3930
3220 IF D2(T2)=D1(T1) THEN GOTO 3930
3300 IF B3(T3)=B2(T2) OR B3(T3)=B1(T1) THEN GOTO 3920
3310 IF C3(T3)=C2(T2) OR C3(T3)=C1(T1) THEN GOTO 3920
3320 IF D3(T3)=D2(T2) OR D3(T3)=D1(T1) THEN GOTO 3920
3400 IF B4(T4)=B3(T3) OR B4(T4)=B2(T2) OR B4(T4)=B1(T1) GOTO 3910
3410 IF C4(T4)=C3(T3) OR C4(T4)=C2(T2) OR C4(T4)=C1(T1) GOTO 3910
3420 IF D4(T4)=D3(T3) OR D4(T4)=D2(T2) OR D4(T4)=D1(T1) GOTO 3910
3500 IF B5(T5)=B4(T4) OR B5(T5)=B3(T3) OR B5(T5)=B2(T2) OR B5(T5)=
B1(T1) GOTO 3900
3510 IF C5(T5)=C4(T4) OR C5(T5)=C3(T3) OR C5(T5)=C2(T2) OR C5(T5)=
C1(T1) GOTO 3900
3520 IF D5(T5)=D4(T4) OR D5(T5)=D3(T3) OR D5(T5)=D2(T2) OR D5(T5)=
D1(T1) GOTO 3900
3800 GOSUB 5000: REM Zu Unterprogramms 5 "Ausgabe der Lösung"
3898 :
3900 NEXT T5
3910 NEXT T4
3920 NEXT T3
3930 NEXT T2
3940 NEXT T1
3990 RETURN
3998 :
5000 REM ******** Unterprogramm 5 "Ausgabe der Lösung" *********
5090 PRINT "Lösung ";Y;
5100 PRINT " 1";B1(T1);C1(T1);D1(T1);
5110 PRINT " 2";B2(T2);C2(T2);D2(T2);
5120 PRINT " 3";B3(T3);C3(T3);D3(T3);
5130 PRINT " 4";B4(T4);C4(T4);D4(T4);
5140 PRINT " 5";B5(T5);C5(T5);D5(T5)
5900 RETURN
```

Pascal-Programm 7P   Automobilwerkstatt

```
PROGRAM Prog7P;   {Automobilwerkstatt}
LABEL 980;
TYPE
 BR=ARRAY[0..125] of integer;
```

```
VAR
 A,B,C,D,T1,T2,T3,T4,T5,K1,K2,K3,K4,K5,Y: integer;
 B1,B2,B3,B4,B5,C1,C2,C3,C4,C5,D1,D2,D3,D4,D5: BR;

PROCEDURE Anfangswerte;
 BEGIN
  T1:=0;T2:=0;T3:=0;T4:=0;T5:=0;K1:=0;K2:=0;K3:=0;K4:=0;
  K5:=0;Y:=0;
  B1[0]:=0;B2[0]:=0;B3[0]:=0;B4[0]:=0;B5[0]:=0;
  C1[0]:=0;C2[0]:=0;C3[0]:=0;C4[0]:=0;C5[0]:=0;
  D1[0]:=0;D2[0]:=0;D3[0]:=0;D4[0]:=0;D5[0]:=0
 END;   {von Prozedur Anfangswerte}

PROCEDURE Ausgabe;
 BEGIN
  Y:=Y+1;
  write('Lösung ',Y,' ');
  write('1',B1[T1],C1[T1],D1[T1],' ');
  write('2',B2[T2],C2[T2],D2[T2],' ');
  write('3',B3[T3],C3[T3],D3[T3],' ');
  write('4',B4[T4],C4[T4],D4[T4],' ');
  writeln('5',B5[T5],C5[T5],D5[T5])
 END;   {von Prozedur Ausgabe}

PROCEDURE Erste_Reduktion;
 BEGIN
  {Direkte Bedingungen}
  IF (A=3) AND (D<>2) THEN EXIT;           {Zu Bedingung 1}
  IF (D=2) AND (A<>3) THEN EXIT;           {Zu Bedingung 1}
  IF (B=4) AND ((D=1) OR (D=2)) THEN EXIT; {Zu Bedingung 2}
  IF (B=3) AND (C<>4) THEN EXIT;           {Zu Bedingung 3}
  IF (C=4) AND (B<>3) THEN EXIT;           {Zu Bedingung 3}
  IF (A=2) AND (D=4) THEN EXIT;            {Zu Bedingung 4}
  IF (A=2) AND (C=5) THEN EXIT;            {Zu Bedingung 4}
  IF (C=1) AND (D=5) THEN EXIT;            {Zu Bedingung 5}
  IF (C=3) AND ((D=4) OR (D=5)) THEN EXIT; {Zu Bedingung 6}
  IF (B=2) AND ((D=1) OR (D=2)) THEN EXIT; {Zu Bedingung 7}
  IF (B=2) AND ((C=1) OR (C=2)) THEN EXIT; {Zu Bedingung 7}
  IF (A=1) AND (B<>5) THEN EXIT;           {Zu Bedingung 8}
  IF (B=5) AND (A<>1) THEN EXIT;           {Zu Bedingung 8}
  IF (B=5) AND (C=3) THEN EXIT;            {Zu Bedingung 8}
```

```
    IF (A=1) AND (C=3) THEN EXIT;           {Zu Bedingung 8}
    IF (B=1) AND (D<>3) THEN EXIT;          {Zu Bedingung 9}
    IF (D=3) AND (B<>1) THEN EXIT;          {Zu Bedingung 9}
    IF (B=1) AND ((A=2) OR (A=4)) THEN EXIT; {Zu Bedingung 9}
    {Ausgabe der Auswahlkombinationen}
    writeln(A,B,C,D);
    {Zuweisung in Gruppen, Bilden der Elementwerte}
    IF A=1 THEN BEGIN T1:=T1+1; K1:=T1; END;
    IF A=2 THEN BEGIN T2:=T2+1; K2:=T2; END;
    IF A=3 THEN BEGIN T3:=T3+1; K3:=T3; END;
    IF A=4 THEN BEGIN T4:=T4+1; K4:=T4; END;
    IF A=5 THEN BEGIN T5:=T5+1; K5:=T5; END;
    IF A=1 THEN BEGIN B1[T1]:=B; C1[T1]:=C; D1[T1]:=D; END;
    IF A=2 THEN BEGIN B2[T2]:=B; C2[T2]:=C; D2[T2]:=D; END;
    IF A=3 THEN BEGIN B3[T3]:=B; C3[T3]:=C; D3[T3]:=D; END;
    IF A=4 THEN BEGIN B4[T4]:=B; C4[T4]:=C; D4[T4]:=D; END;
    IF A=5 THEN BEGIN B5[T5]:=B; C5[T5]:=C; D5[T5]:=D; END
  END; {von Prozedur Erste_Reduktion}

PROCEDURE Zweite_Reduktion4;
  BEGIN
    IF (B5[T5]=B4[T4]) OR (B5[T5]=B3[T3]) OR
       (B5[T5]=B2[T2]) OR (B5[T5]=B1[T1]) THEN EXIT;
    IF (C5[T5]=C4[T4]) OR (C5[T5]=C3[T3]) OR
       (C5[T5]=C2[T2]) OR (C5[T5]=C1[T1]) THEN EXIT;
    IF (D5[T5]=D4[T4]) OR (D5[T5]=D3[T3]) OR
       (D5[T5]=D2[T2]) OR (D5[T5]=D1[T1]) THEN EXIT;
    AUSGABE
  END;  {von Prozedur Zweite_Reduktion4}

PROCEDURE Zweite_Reduktion3;
  BEGIN
    IF (B4[T4]=B3[T3]) OR (B4[T4]=B2[T2]) OR (B4[T4]=B1[T1])
       THEN EXIT;
    IF (C4[T4]=C3[T3]) OR (C4[T4]=C2[T2]) OR (C4[T4]=C1[T1])
       THEN EXIT;
    IF (D4[T4]=D3[T3]) OR (D4[T4]=D2[T2]) OR (D4[T4]=D1[T1])
       THEN EXIT;
    FOR T5:=1 TO K5 DO
      Zweite_Reduktion4
  END; {von Prozedur Zweite_Reduktion3}
```

```
PROCEDURE Zweite_Reduktion2;
 BEGIN
  IF (B3[T3]=B2[T2]) OR (B3[T3]=B1[T1]) THEN EXIT;
  IF (C3[T3]=C2[T2]) OR (C3[T3]=C1[T1]) THEN EXIT;
  IF (D3[T3]=D2[T2]) OR (D3[T3]=D1[T1]) THEN EXIT;
  FOR T4:=1 TO K4 DO
    Zweite_Reduktion3
 END;  {von Prozedur Zweite_Reduktion2}

PROCEDURE Zweite_Reduktion1;
 BEGIN
  IF B2[T2]=B1[T1] THEN EXIT;
  IF C2[T2]=C1[T1] THEN EXIT;
  IF D2[T2]=D1[T1] THEN EXIT;
   FOR T3:=1 TO K3 DO
    Zweite_Reduktion2
 END;  {von Prozedur Zweite_Reduktion1}

BEGIN   {Hauptprogramm}
Anfangswerte;
write('Bei der ersten Reduktion nicht ausgeschiedene');
writeln ('Kombinationen:');
writeln('A B C D');
writeln('-------');
FOR A:=1 TO 5 DO
 FOR B:=1 TO 5 DO
  FOR C:=1 TO 5 DO
   FOR D:=1 TO 5 DO
    Erste_Reduktion;
writeln('K1=',K1,' K2=',K2,' K3=',K3,' K4=',K4,' K5=',K5);
IF (K1=0) OR (K2=0) OR (K3=0) OR (K4=0) OR (K5=0) THEN GOTO 980;
FOR T1:=1 TO K1 DO
 FOR T2:=1 TO K2 DO
   Zweite_Reduktion1;
980 :
IF (Y=0) OR (K1=0) OR (K2=0) OR (K3=0) OR (K4=0) OR (K5=0)
    THEN writeln('Nicht lösbar')
END.  {PROGRAM}
```

Automobilwerkstatt

Wegen der Ähnlichkeit mit Rätsel 6 und der eingehenden Erklärungen zu dessen Lösung werden nur einige Einzelheiten des Lösungsganges erläutert. Unterschiede bestehen außer im Umfang insbesondere in den Anweisungen, die speziell für die Bedingungen des betreffenden Rätsels gelten, und in den Programmteilen für die Ausgabe.

Die Bezeichnungen der Mengen (Buchstaben) und Elemente (Ziffern) sind wie folgt gewählt worden:

Namen (A): Frau Albers (1), Herr Berwald (2), Frau Dobrink (3), Herr Gerber (4), Herr Konitz (5)
Wagenarten (B): Luxuslimousine (1), Oldtimer (2), Sportwagen (3), Mittelklassewagen (4), Kleinwagen (5)
Schäden (C): Beleuchtung (1), Bremse (2), Fahrwerk (3), Motor (4), Kupplung (5)
Wochentage (D): Montag (1), Dienstag (2), Mittwoch (3), Donnerstag (4), Freitag (5)

Eliminierung bei Widersprüchlichkeit zu den „direkten Bedingungen"

Im Unterprogramm 2 (BASIC) und in der Prozedur Erste_Reduktion (Pascal) ist bei den betreffenden Programmzeilen angegeben, von welchen Bedingungen des Rätsels sie abgeleitet sind. Mit diesen Angaben und anhand der folgenden Hinweise dürfte es gelingen, die Umsetzung der Bedingungen in Programmanweisungen nachzuvollziehen.

Bedingung 1

Die beiden Anweisungen besagen: Es scheiden alle Kombinationen aus dem Lösungsgang aus, nach denen

— Frau Dobrinks Wagen an einem anderen Tag als am Dienstag in der Werkstatt war,

Logiktraining mit Logikrätseln

— der Reparatur am Dienstag ein anderer Kostenträger als Frau Dobrink zugeordnet ist.

Bedingung 2

Alle Kombinationen, nach denen der Mittelklassewagen am Montag oder Dienstag in der Werkstatt stand, werden eliminiert.

Bedingung 3

Kombinationen, denen zufolge

— der Sportwagen einen anderen Schaden als den am Motor hatte oder
— die Motorreparatur an einem anderen Wagen als am Sportflitzer vorgenommen wurde,

werden nicht weiterverarbeitet.

Bedingung 4

Die Anzahl der Lösungsmöglichkeiten wird reduziert um Kombinationen, in denen

— sowohl A gleich 2 (Herr Berwald) als auch D gleich 4 (Reparatur am Donnerstag) ist oder
— sowohl A gleich 2 (Herr Berwald) als auch C gleich 5 (Reparatur der Kupplung) ist.

Bedingung 5 und 6

Ähnlich Bedingung 4.

Bedingung 7

Falls eine in Verarbeitung stehende Kombination besagt, daß der Oldtimer an einem der ersten beiden Wochentage repariert wurde oder daß der Oldtimer einen Schaden an der Beleuchtungseinrichtung oder an der Bremse aufwies, initiiert sie den Abbruch des Schleifendurchlaufs.

Bedingung 8

Ausgemerzt werden Kombinationen, nach denen

— Frau Albers ein anderer als der Kleinwagen zugeordnet ist oder
— der Kleinwagen einen anderen Besitzer als Frau Albers hat oder
— der Kleinwagen einen Fahrwerksschaden hatte oder
— Frau Albers einen Fahrwerksschaden beheben ließ.

Bedingung 9

Die Verarbeitung solcher Kombinationen wird beendet, nach denen

— die Luxuslimousine an einem anderen Tag als am Mittwoch in der Werkstatt war oder
— am Mittwoch einer der vier anderen Wagen repariert wurde oder
— die Luxuslimousine Herrn Berwald oder Hern Gerber gehört.

Prozeduren Zweite_Reduktion... (Pascal)

Der größere Umfang des Rätsels erfordert gegenüber Programm 6P eine größere Anzahl von Prozeduren für Lösungsschritt d: vier „ineinandergeschachtelte" Prozeduren (Zweite_Reduktion1 bis Zweite_Reduktion4) statt zwei.

Ausgabe der Lösung

Die Gesamtheit von fünf Kombinationen (je einer Kombination aus jeder Gruppe), die mit keiner Bedingung im Widerspruch steht und in der jeder Elementwert genau einmal vorkommt, ist die Lösung in numerischer Form. Ihre Verarbeitung erreicht

— in BASIC die Programmzeile 3800, die das Unterprogramm 5 „Ausgabe der Lösung" aufruft.
— in Pascal am Ende der Prozedur Zweite_Reduktion4 den Aufruf der Prozedur Ausgabe.

In beiden Programmen ist nur die numerische Ausgabe vorgesehen, weil zur Fehlersuche numerische Lösungsausgaben, möglichst je auf einer Zeile stehend, meistens besser geeignet sind als Textausgaben. Als richtige **Lösung** ist zu erwarten:

Lösung 1   1 5 1 1   2 4 2 5   3 3 4 2   4 2 5 4   5 1 3 3

Diese numerische Ausgabe kann ohne Schwierigkeiten in „Klartext" umgesetzt werden:

Frau Albers, Kleinwagen, Beleuchtung, Montag
Herr Berwald, Mittelklassewagen, Bremse, Freitag
Frau Dobrink, Sportwagen, Motor, Dienstag
Herr Gerber, Oldtimer, Kupplung, Donnerstag
Herr Konitz, Luxuslimousine, Fahrwerk, Mittwoch

Fehlersuche

Nur wenige Programme laufen gleich beim ersten Start fehlerfrei. Die Fehlersuche erfordert oft beträchtliche Zeit. Gewöhnlich werden Fehler in Syntaxfehler und logische Fehler unterschieden.

Auf *Syntaxfehler* macht in der Regel der Computer aufmerksam, indem er eine Fehlermeldung auf dem Bildschirm ausgibt. Syntaxfehler sind Verstöße gegen die Regeln, die beim Formulieren der Befehle zu beachten sind. Zu ihnen gehören Fehler wie: (Buchstabe) O anstelle von 0 (Null) eingegeben, Befehlswort falsch geschrieben, Klammer vergessen.

Auf *logische Fehler* dagegen kann der Computer nicht hinweisen. Hier ist einzig und allein der Programmierer gefordert. In diesem Programm erleichtert der modulare Aufbau die Fehlersuche:

Zunächst ist sicherzustellen, daß die FOR-Schleifen mit den Laufvariablen A, B, C und D richtig arbeiten.

Bei diesem Rätsel ist K1 = 8, K2 = 3, K3 = 1, K4 = 10 und K5 = 14. Wenn etwas anderes ausgegeben wird, dann liegt der Fehler wahrscheinlich

— beim BASIC-Programm in den Anweisungen des Unterprogramms 2,
— beim Pascal-Programm in der Prozedur Erste__Reduktion.

Hilfreich zur Fehlersuche sind dann die ausgegebenen Zwischenwerte (Auswahlkombinationen). Das fehlerfreie Zwischenergebnis lautet (die ausgegebenen Auswahlkombinationen sind hier zur besseren Übersicht und Platzersparnis gruppenweise nebeneinander geschrieben):

Bei der ersten Reduktion nicht ausgeschiedene Kombinationen:

Gruppe 1	Gruppe 2	Gruppe 3	Gruppe 4	Gruppe 5
A B C D	A B C D	A B C D	A B C D	A B C D
1 5 1 1	2 3 4 1	3 3 4 2	4 2 5 4	5 1 1 3
1 5 1 4	2 3 4 5		4 2 5 5	5 1 2 3
1 5 2 1	2 4 2 5		4 3 4 1	5 1 3 3
1 5 2 4			4 3 4 4	5 1 5 3
1 5 2 5			4 3 4 5	5 2 5 4
1 5 5 1			4 4 1 4	5 2 5 5
1 5 5 4			4 4 2 4	5 3 4 1
1 5 5 5			4 4 2 5	5 3 4 4
			4 4 5 4	5 3 4 5
			4 4 5 5	5 4 1 4
				5 4 2 4
				5 4 2 5
				5 4 5 4
				5 4 5 5

Am besten vergleicht man zuerst, ob in der eigenen Ausgabe gegenüber diesen Zwischenwerten Kombinationen fehlen oder überzählig sind. Solche Kombinationen sagen meist etwas über die Art des Fehlers aus: Enthält z.B. eine überzählige Kombination mit A = 1 den Wert C = 3, dann ist zu vermuten, daß die betreffende Anweisung für Bedingung 8 fehlt oder falsch eingegeben ist.

Sollte in einer Lösung ein Elementwert einer Menge mehr als einmal vorkommen, dann liegt der Fehler wahrscheinlich im Unterprogramm 3 (BASIC) oder in einer der Prozeduren Zweite_Reduktion, wie in diesem Beispiel:

Lösung 1   1 5 2 1   2 4 2 5   3 3 4 2   4 2 5 4   5 1 3 3
                 -         -

Allgemein gilt bei der Lokalisierung von Fehlern: Anhand der Bedingungen schrittweise überlegen, an welchen Stellen welche Werte oder Gruppen von Werten vorkommen sollten oder nicht vorkommen dürfen. Durch zeitweise eingebrachte PRINT- bzw. writeln-Anweisungen (z.B. zur Ausgabe von Variablen) an den betreffenden Programmstellen ist zu prüfen, ob der Programmlauf diesen Überlegungen entspricht. — Um allen Fehlern beizukommen, bedarf es oft eines ausgezeichneten Spürsinns — den herauszufordern gehört aber auch zum „Logiktraining".

8 ASTRONOMISCHE TAGUNG

8.1 Fehldruck in den Unterlagen

In den Unterlagen, die jedem Teilnehmer an einer internationalen astronomischen Fachtagung vorher zugesandt worden sind, ist die Seite mit dem Programm des vorletzten Veranstaltungstages nur teilweise lesbar. Aus den in den Unterlagen verstreut enthaltenen Informationen ist jedoch zu entnehmen, daß an diesem Tage die angesehenen Experten Merkuro, Marsman, Saturnini, Neptuner und Plutonow Vorträge über ihre Forschungsergebnisse halten werden. Beginn: 9, 10, 11, 13 und 14 Uhr. Forschungsobjekte waren: Galaxien, Gasnebel, Pulsare, Doppelsterne und Kugelsternhaufen. Diese Forschungsobjekte befinden sich vorwiegend in den Sternbildern: Perseus, Löwe, Bootes, Cassiopeia und Orion. Zur Frage, wer wann über welche Forschungsobjekte in welchen Sternbildern berichten wird, geht hervor:

1. Den letzten Vortrag des Tages wird Saturnini halten.
2. Der Vortrag über Doppelsterne findet zwei Stunden nach dem Vortrag über die Forschungsergebnisse im Sternbild Orion statt.
3. Über die Forschungen im Sternbild Bootes wird eine Stunde vor denen im Sternbild Cassiopeia berichtet.
4. Merkuro, der nicht Spezialist für Gasnebel oder Pulsare ist, hält seinen Vortrag eher als Plutonow.
5. Neptuner berichtet später als Marsman.
6. Die erforschten Galaxien befinden sich nicht im Sternbild Perseus oder Bootes.
7. Der Vortrag vor der Mittagspause handelt nicht von Gasnebeln oder Untersuchungen im Sternbild Perseus.
8. Die Forschungsergebnisse über Galaxien und Pulsare stammen nicht aus dem Sternbild Orion.
9. Plutonow wird entweder über Forschungen an Galaxien oder Kugelsternhaufen berichten, aber nicht über Beobachtungen im Sternbild Orion.
10. Zur Erforschung der Doppelsterne wurden keine Beobachtungsergebnisse aus dem Sternbild Cassiopeia herangezogen.

Jeder der genannten Astronomen hält nur einen Vortrag über ein Objekt in einem der Sternbilder. Da die Veranstalter davon ausgehen, daß Astronomen besonders gut logisch denken können und deshalb nötige Informationen durch Kombinieren finden werden, wollen sie wegen der Kosten den Neudruck nicht nachsenden, sondern erst bei Beginn der Tagung verteilen. Reichen die Angaben, um schon jetzt die Zuordnungen finden zu können?

8.2 Die Tagesordnung

Lösungsschema

Wie bei Rätsel 7 wird auch hier die gegenseitige Zuordnung der je 5 Elemente von 4 Mengen gesucht. Deshalb können wir uns bei der Lösung weitgehend an das Lösungsschema des vorigen Rätsels halten. Jedoch erfordern die Bedingungen 2, 3, 4 und 5 einen anderen Lösungsgang, weil sie *Vergleichsbedingungen* sind oder enthalten. In den Vergleichsbedingungen wird gefordert, daß zwei Elemente im Vergleich zu mindestens zwei Elementen einer bestimmten anderen Menge in einer bestimmten Weise einander zugeordnet sein müssen. Diesem Vergleich dient in unserem Rätsel die Menge der Vortragszeiten. Im Rätsel ist dazu angegeben, welcher Vortrag eher oder später als ein bestimmter anderer stattfinden soll, z.T. mit Angabe der Zeitdifferenz. Bei der Lösungssuche müssen deshalb Elementwerte *verschiedener* Kombinationen miteinander verglichen werden.

Dagegen wird in den Bedingungen 1 und 6 bis 10 nur eine bestimmte Anordnung von Elementen zueinander innerhalb *einer* Kombination verlangt. Kombinationen, die zu diesen Bedingungen widersprüchlich sind, können direkt eliminiert werden, d.h., ohne daß Vergleiche mit anderen Kombinationen erforderlich sind. Wir nennen sie deshalb *direkte Bedingungen*.

Programme

Der Lösungsgang wird anhand von Programm 8 (BASIC) und 8P (Pascal) besprochen. Zur Platzersparnis werden hier nur solche Programmteile gezeigt, die von denen bei Rätsel 7 abweichen oder dort nicht enthalten sind. Analog empfiehlt es sich, beim Programmieren eine Kopie des Programmes 7 oder 7P zu verwenden und nur die nachfolgenden Abweichungen und Ergänzungen zu berücksichtigen.

BASIC-Programm 8   Astronomische Tagung

Wie Programm 7, jedoch:

1) Die Zeilen 2150 bis 2570 sind durch die folgenden zu ersetzen, die von den direkten Bedingungen des Rätsels 8 abgeleitet sind:

```
2150 IF A=5 AND B<>3 THEN GOTO 2900              : REM Bedingung 1
2160 IF B=3 AND A<>5 THEN GOTO 2900              : REM Bedingung 1
2200 IF C=4 AND (A=1 OR A=2 OR A=5) THEN GOTO 2900 : REM Bedingung 2
2210 IF D=5 AND (A=2 OR A=4 OR A=5) THEN GOTO 2900 : REM Bedingung 2
2220 IF C=4 AND D=5 THEN GOTO 2900               : REM Bedingung 2
2250 IF D=3 AND (A=3 OR A=5) THEN GOTO 2900      : REM Bedingung 3
2260 IF D=4 AND (A=1 OR A=4) THEN GOTO 2900      : REM Bedingung 3
2300 IF B=1 AND A=5 THEN GOTO 2900               : REM Bedingung 4
2310 IF B=5 AND A=1 THEN GOTO 2900               : REM Bedingung 4
2320 IF B=1 AND (C=2 OR C=3) THEN GOTO 2900      : REM Bedingung 4
2350 IF B=2 AND A=5 THEN GOTO 2900               : REM Bedingung 5
2360 IF B=4 AND A=1 THEN GOTO 2900               : REM Bedingung 5
2400 IF C=1 AND (D=1 OR D=3) THEN GOTO 2900      : REM Bedingung 6
2450 IF A=3 AND (C=2 OR D=1) THEN GOTO 2900      : REM Bedingung 7
2500 IF D=5 AND (C=1 OR C=3) THEN GOTO 2900      : REM Bedingung 8
2550 IF B=5 AND (C=2 OR C=3 OR C=4) THEN GOTO 2900 : REM Bedingung 9
2560 IF B=5 AND D=5 THEN GOTO 2900               : REM Bedingung 9
2600 IF C=4 AND D=4 THEN GOTO 2900               : REM Bedingung 10
```

2) Folgendes Unterprogramm, das die Vergleichsbedingungen auswertet, ist einzufügen:

```
4000 REM *******Unterprogramm 4 "Vergleichsbedingungen" *******
4100 REM --- Zu Bedingung 2 ---
4110 IF (C3(T3)=4 AND D1(T1)<>5) OR (C3(T3)<>4 AND D1(T1)=5)
GOTO 4900
4120 IF (C4(T4)=4 AND D3(T3)<>5) OR (C4(T4)<>4 AND D3(T3)=5)
GOTO 4900
4200 REM --- Zu Bedingung 3 ---
4210 IF (D1(T1)=3 AND D2(T2)<>4) OR (D1(T1)<>3 AND D2(T2)=4)
GOTO 4900
4220 IF (D2(T2)=3 AND D3(T3)<>4) OR (D2(T2)<>3 AND D3(T3)=4)
GOTO 4900
4230 IF (D4(T4)=3 AND D5(T5)<>4) OR (D4(T4)<>3 AND D5(T5)=4)
GOTO 4900
4300 REM --- Zu Bedingung 4 ---
4310 IF B3(T3)=1 AND B2(T2)=5 THEN GOTO 4900
4320 IF B4(T4)=1 AND (B3(T3)=5 OR B2(T2)=5) THEN GOTO 4900
4400 REM --- Zu Bedingung 5 ---
4410 IF B2(T2)=4 AND (B3(T3)=2 OR B4(T4)=2) THEN GOTO 4900
4420 IF B3(T3)=4 AND B4(T4)=2 THEN GOTO 4900
4798 :
4890 N=0: GOTO 4950
4900 N=1
4950 RETURN
```

3) Das Unterprogramm 3 ist durch folgende Programmzeilen zu ergänzen, um das Unterprogramm 4 an das Programm 8 anzuschließen:

```
3700 GOSUB 4000: REM Zu Unterprogramm 4 "Vergleichsbedingungen"
3710 IF N=1 THEN GOTO 3900
```

Pascal-Programm 8P   Astronomische Tagung

Wie Programm 7P, jedoch:

1) In der Prozedur Erste_Reduktion sind die Zeilen unter {Direkte Bedingungen} durch folgende zu ersetzen:

```
IF (A=5) AND (B<>3) THEN EXIT;            {Zu Bedingung 1}
IF (B=3) AND (A<>5) THEN EXIT;            {Zu Bedingung 1}
IF (C=4) AND ((A=1) OR (A=2) OR (A=5)) THEN EXIT; {Zu Bedingung 2}
IF (D=5) AND ((A=2) OR (A=4) OR (A=5)) THEN EXIT; {Zu Bedingung 2}
IF (C=4) AND (D=5) THEN EXIT;             {Zu Bedingung 2}
IF (D=3) AND ((A=3) OR (A=5)) THEN EXIT;  {Zu Bedingung 3}
IF (D=4) AND ((A=1) OR (A=4)) THEN EXIT;  {Zu Bedingung 3}
IF (B=1) AND (A=5) THEN EXIT;             {Zu Bedingung 4}
IF (B=5) AND (A=1) THEN EXIT;             {Zu Bedingung 4}
IF (B=1) AND ((C=2) OR (C=3)) THEN EXIT;  {Zu Bedingung 4}
IF (B=2) AND (A=5) THEN EXIT;             {Zu Bedingung 5}
IF (B=4) AND (A=1) THEN EXIT;             {Zu Bedingung 5}
IF (C=1) AND ((D=1) OR (D=3)) THEN EXIT;  {Zu Bedingung 6}
IF (A=3) AND ((C=2) OR (D=1)) THEN EXIT;  {Zu Bedingung 7}
IF (D=5) AND ((C=1) OR (C=3)) THEN EXIT;  {Zu Bedingung 8}
IF (B=5) AND ((C=2) OR (C=3) OR (C=4)) THEN EXIT; {Zu Bedingung 9}
IF (B=5) AND (D=5) THEN EXIT;             {Zu Bedingung 9}
IF (C=4) AND (D=4) THEN EXIT;             {Zu Bedingung 10}
```

2) Zwischen den Prozeduren Erste_Reduktion und Zweite_Reduktion4 ist die neue Prozedur Vergleichsbedingungen einzufügen.

```
PROCEDURE Vergleichsbedingungen;
 BEGIN
  {Bedingung 2}
  IF ((C3[T3]=4) AND (D1[T1]<>5)) OR
     ((C3[T3]<>4) AND (D1[T1]=5)) THEN EXIT;
  IF ((C4[T4]=4) AND (D3[T3]<>5)) OR
     ((C4[T4]<>4) AND (D3[T3]=5)) THEN EXIT;
  {Bedingung 3}
  IF ((D1[T1]=3) AND (D2[T2]<>4)) OR
     ((D1[T1]<>3) AND (D2[T2]=4)) THEN EXIT;
  IF ((D2[T2]=3) AND (D3[T3]<>4)) OR
     ((D2[T2]<>3) AND (D3[T3]=4)) THEN EXIT;
  IF ((D4[T4]=3) AND (D5[T5]<>4)) OR
     ((D4[T4]<>3) AND (D5[T5]=4)) THEN EXIT;
  {Bedingung 4}
  IF (B3[T3]=1) AND (B2[T2]=5) THEN EXIT;
  IF (B4[T4]=1) AND ((B3[T3]=5) OR (B2[T2]=5)) THEN EXIT;
```

```
{Bedingung 5}
IF (B2[T2]=4) AND ((B3[T3]=2) OR (B4[T4]=2)) THEN EXIT;
IF (B3[T3]=4) AND (B4[T4]=2) THEN EXIT;

Ausgabe
END;  {von Prozedur Vergleichsbedingungen}
```

3) In der Prozedur Zweite_Reduktion4 ist der Prozedur-Aufruf *Ausgabe* durch den Prozedur-Aufruf *Vergleichsbedingungen* zu ersetzen.

Bezeichnung der Mengen und Elemente

Menge A: 1=9 Uhr, 2=10 Uhr, 3=11 Uhr, 4=13 Uhr, 5=14 Uhr
Menge B: 1=Merkuro, 2=Marsman, 3=Saturnini, 4=Neptuner, 5=Plutonow
Menge C: 1=Galaxien, 2=Gasnebel, 3=Pulsare, 4=Doppelsterne, 5=Kugelsternhaufen
Menge D: 1=Perseus, 2=Löwe, 3=Bootes, 4=Cassiopeia, 5=Orion

Direkte Bedingungen 1 und 6 bis 10

Die Eliminierung von Kombinationen, die zu den Bedingungen 1 und 6 bis 10 widersprüchlich sind, wird ausschließlich vorgenommen

— in BASIC: im Unterprogramm 2,
— in Pascal: in der Prozedur Erste_Reduktion.

Die Umsetzung dieser Bedingungen in Programm-Anweisungen geschieht so wie bei den Rätseln 6 und 7. Die Erläuterung wird deshalb kurz gefaßt.

Bedingung 1
Es handelt sich um eine Entscheidungsinformation, aus der sich je Programm zwei Zeilen ergeben. Diese scheiden Kombinationen aus der Verarbeitung aus, nach denen

- der Vortrag um 14 Uhr (A = 5) nicht von Saturnini (B < > 3) gehalten wird,
- Saturnini nicht den Vortrag um 14 Uhr hält.

Bedingung 6

Diese Bedingung enthält zwei Einschränkungsinformationen, die in einer Programmzeile berücksichtigt werden können. Kombinationen mit C = 1 (Galaxien) werden eliminiert, wenn in ihnen D den Wert 1 (Perseus) oder 3 (Bootes) hat.

Bedingung 7

Der Vortrag vor der Mittagspause beginnt um 11 Uhr, also A = 3. Kombinationen, nach denen dieser Vortrag von Gasnebeln (C = 2) oder Untersuchungen im Sternbild Perseus (D = 1) handelt, werden aus der Verarbeitung genommen.

Bedingungen 8 bis 10

Anhand der betreffenden Programmzeilen kann man die Codierung nachvollziehen.

Unterprogramm 4 und Prozedur Vergleichsbedingungen

Die Bedingungen 2 bis 5 erfordern gegenseitige Vergleiche von Elementwerten aus Kombinationen verschiedener Gruppen (d.h. aus Kombinationen, die verschiedene Anfangszeiten betreffen). Diese Vergleiche finden statt

- in BASIC im Unterprogramm 4, das dazu bei jedem Durchlauf vom Unterprogramm 3 aufgerufen wird,
- in Pascal in der Prozedur Vergleichsbedingungen, die dazu von der Prozedur Zweite_Reduktion4 aufgerufen wird.

Hierbei wird geprüft, ob nach den fünf zum Vergleich anstehenden Auswahlkombinationen (je eine aus jeder Gruppe)

— der Vortrag über Doppelsterne zwei Stunden nach dem Vortrag über die Forschungsergebnisse aus dem Sternbild Orion gehalten wird (Bedingung 2),
— über die Forschungen im Sternbild Bootes eine Stunde vor denen im Sternbild Cassiopeia vorgetragen wird (Bedingung 3),
— Merkuro seinen Vortrag eher hält als Plutonow (Bedingung 4),
— Neptuner später berichtet als Marsman (Bedingung 5).

Nur BASIC

Falls eine der vorgenannten Bedingungen nicht erfüllt ist, sollte die Verarbeitung zur Zeile 3900 springen, zu NEXT T5, um den Schleifendurchlauf zu beenden. Solche Sprünge aus einem Unterprogramm zurück in die FOR-Schleife, die in einem anderen Unterprogramm steht, sind jedoch bei den meisten BASIC-Versionen nicht zulässig. Deshalb geht der GOTO-Sprung zunächst zu einer „Zwischenstation", zur Zeile 4900, wo eine Hilfsvariable N den Wert 1 erhält (oder behält, falls N in dem betreffenden Schleifenlauf bereits den Wert 1 hat). Nach Rückkehr der Verarbeitung in das Unterprogramm 3 bewirkt N gleich 1 einen Sprung von Zeile 3710 zum Ende der innersten Schleife. Dann wird die Verarbeitung mit der nächsten Kombination in der innersten Schleife fortgesetzt.

Die soeben ausgeschiedene Kombination gelangt später wieder in die Verarbeitung, und zwar immer wieder zusammen mit anderen Kombinationen aus den anderen vier Schleifen. Somit arbeitet das Unterprogramm 4 prinzipiell so wie das Unterprogramm 3, in das es eingeschachtelt ist.

Falls alle vier Vergleichsbedingungen erfüllt sind, stellen die im Vergleich befindlichen fünf Kombinationen die Lösung dar. Ihre Verarbeitung gelangt zur Zeile 4890, wo N den Wert 0 erhält, kehrt in das Unterprogramm 3 zurück und geht von dort (Zeile 3800) in das Unterprogramm 5 „Ausgabe der Lösung".

Nur Pascal

Wenn die Gesamtheit der aktuellen fünf Kombinationen zu (mindestens) einer Vergleichsbedingung im Widerspruch steht, springt die Verarbeitung durch EXIT in die Prozedur Zweite__Reduktion4 und von dort umgehend zur Prozedur Zweite__Reduktion3 zurück — und wird dann mit der nächsten Kombination aus der Gruppe 5, aber den gleichen Kombinationen aus den ersten vier Gruppen fortgesetzt usw. Somit arbeitet die Prozedur Vergleichsbedingungen prinzipiell wie die Prozedur Zweite_Reduktion4: Auf die Prozedur Vergleichsbedingungen könnte man ganz verzichten und stattdessen ihre Anweisungen in die Prozedur Zweite_Reduktion4 schreiben (was jedoch weniger übersichtlich wäre).

Falls kein Widerspruch festgestellt wird, repräsentieren die betreffenden fünf Kombinationen die Lösung. Ihre Verabeitung wird in die Prozedur Ausgabe gelenkt.

Vergleichsbedingungen 2 bis 5

Die Informationen 2 bis 5 des Rätsels enthalten neben den (eigentlichen) Vergleichsbedingungen auch (anteilige) direkte Bedingungen. Für beide Arten sind Programmanweisungen erstellt worden.

Bedingung 2

(Anteilige) Direkte Bedingungen

Ein Unterschied von zwei Stunden kommt bei den 5 verschiedenen Anfangszeiten nur zweimal vor: zwischen 9 und 11 sowie zwischen 11 und 13 Uhr. Für eine Weiterverarbeitung kommen deshalb nur solche Kombinationen mit C = 4 (Doppelsterne) in Frage, bei denen A = 3 (11 Uhr) oder A = 4 (13 Uhr) ist. Entsprechendes gilt für Kombinationen mit D = 5 (Orion), bei denen in der endgültigen Lösung A nur den Wert 1 (9 Uhr) oder 3 (11 Uhr) haben kann. Kombinationen aber, nach denen
C=4 AND (A=1 OR A=2 OR A=5) oder nach denen
D=5 AND (A=2 OR A=4 OR A=5)
ist, genügen diesen Erfordernissen nicht. Sie werden deshalb bereits bei der ersten Reduktion von der Weiterverarbeitung ausgeschlossen.

Da über Doppelsterne und über Beobachtungen im Sternbild Orion in zwei verschiedenen Vorträgen berichtet wird, sind Kombinationen, nach denen beide im selben Vortrag vorkommen (C = 4 und D = 5), zu eliminieren — und zwar bereits bei der ersten Reduktion.

(Eigentliche) Vergleichsbedingung

Zur Einhaltung der Bedingung 2 ist weiterhin erforderlich: Falls der Vortrag über Forschungen im Sternbild Orion um 9 Uhr beginnt (D1(T1) = 5), dann muß der Vortrag über Doppelsterne um 11 Uhr anfangen (C3(T3) = 4). Ist also in einer der fünf in Verarbeitung stehenden Kombinationen D1(T1) = 5, dann muß in einer der vier anderen Kombinationen C3(T3) den Wert 4 haben. Sollte das nicht der Fall sein, dann ist die gemeinsame Verarbeitung dieser Kombinationen abzubrechen. (Die hier verwendeten BASIC-Variablen D1(T1) usw. gelten sinngemäß für Pascal, dort sind lediglich die Indizes T1, T3 usw. in eckige Klammern zu setzen: D1[T1] usw.)

Ebenso fordert die Bedingung 2: Falls ab 11 Uhr über Doppelsterne berichtet wird, dann muß ab 9 Uhr über Forschungen im Sternbild Orion vorgetragen werden. Demnach ist die gemeinsame Verarbeitung von Kombinationen zu beenden, wenn in einer von ihnen C3(T3) = 4 ist und in keiner der vier anderen Kombinationen D1(T1) den Wert 5 aufweist — usw.

In der endgültigen Lösung dürfen demnach nicht zwei Kombinationen zusammen vorkommen,
bei der in der einen C3(T3) = 4 und in der anderen D1(T1) < > 5 ist
oder
bei der in der einen D1(T1) = 5 und in der anderen C3(T3) < > 4 ist
oder
bei der in der einen C4(T4) = 4 und in der anderen D3(T3) < > 5 ist
oder
bei der in der einen D3(T3) = 5 und in der anderen C4(T4) < > 4 ist.

Die gemeinsame Verarbeitung solcher Kombinationen wird abgebrochen; die entsprechenden Anweisungen stehen in den Zeilen 4110 und 4120 (BASIC) sowie in der Prozedur Vergleichsbedingungen (Pascal).

Bedingung 3

(Anteilige) Direkte Bedingungen

Bei den fünf verschiedenen Anfangszeiten kommen Zeitunterschiede von einer Stunde insgesamt dreimal vor: zwischen 9 und 10, 10 und 11 sowie zwischen 13 und 14 Uhr. Kombinationen, bei denen Zeitunterschiede von einer Stunde nicht möglich sind, werden bereits bei der ersten Reduktion von der Weiterverarbeitung ausgeschlossen. Der Bericht über Forschungen im Sternbild Bootes (D=3) kann nur um 9, 10 oder 13 Uhr beginnen, nicht aber um 11 Uhr (A=3) oder 14 Uhr (A=5). Entsprechend kann der Vortrag über die Forschungen im Sternbild Cassiopeia (D=4) nicht um 9 Uhr (A=1) oder 13 Uhr (A=4) anfangen.

(Eigentliche) Vergleichsbedingung

Aus ähnlichen Gründen wie bei Bedingung 2 ist die gemeinsame Verarbeitung von Kombinationen abzubrechen, nach denen

$D1(T1)=3$ und $D2(T2)<>4$ ist oder
$D2(T2)=4$ und $D1(T1)<>3$ ist oder
$D2(T2)=3$ und $D3(T3)<>4$ ist oder
$D3(T3)=4$ und $D2(T2)<>3$ ist oder
$D4(T4)=3$ und $D5(T5)<>4$ ist oder
$D5(T5)=4$ und $D4(T4)<>3$ ist.

Bedingung 4

(Anteilige) Direkte Bedingungen

Merkuro (B = 1) hält seinen Vortrag eher als Plutonow (B = 5). Merkuro kann also seinen Vortrag nicht um 14 Uhr (A = 5) beginnen und Plutonow seinen nicht um 9 Uhr (A = 1). Daraus ergibt sich, daß weder B = 1 mit A = 5 noch B = 5 mit A = 1 in einer Kombination vorkommen dürfen.

Merkuro wird keinen Vortrag über Gasnebel oder Pulsare halten, deshalb sind Kombinationen, die dem Ausdruck B=1 AND (C=2 OR C=3) entsprechen, zu eliminieren.

(Eigentliche) Vergleichsbedingung

In der Lösung dürfen keine Kombinationen stehen, nach denen Plutonow seinen Vortrag eher beginnt als Merkuro. Die gemeinsame Verarbeitung von Kombinationen ist demnach zu beenden, wenn

B2(T2)=1 und B1(T1)=5 oder
B3(T3)=1 und (B2(T2)=5 oder B1(T1)=5) oder
B4(T4)=1 und (B3(T3)=5 oder B2(T2)=5 oder B1(T1)=5) oder
B5(T5)=1 und (B4(T4)=5 oder B3(T3)=5 oder B2(T2)=5 oder B1(T1)=5)
ist.

Da aber nach der ersten Reduktion die Elementwerte B5(T5)=1 und B1(T1)=5 nicht gebildet werden konnten, reduzieren sich die vorgenannten Beziehungen auf

B3(T3)=1 und B2(T2)=5
B4(T4)=1 und (B3(T3)=5 oder B2(T2)=5).

Bedingung 5

Wegen der Ähnlichkeit zu Bedingung 4 wird von besonderen Erläuterungen abgesehen.

Programmlauf

Vorweg ein Wort zur Laufzeit: Der Lauf dieser Programme erfordert relativ viel Zeit. Bei BASIC kann er, je nach der Arbeitsgeschwindigkeit des Computers, einige Stunden dauern. Dies liegt daran, daß in der ersten Reduktion bei diesem Rätsel wesentlich weniger Kombinationen aus der Verarbeitung ausscheiden als z.B. bei Rätsel 7. Somit müssen hier mehr Entscheidungen bei der zweiten Reduktion getroffen werden. Die Entscheidungsfindung bei der zweiten Reduktion ist aber stets langwieriger: Während der ersten Reduktion wird der betreffende Programmteil mit jeder Kombination nur einmal durchlaufen (bei 4 Mengen von je 5 Elementen sind das also 5 * 5 * 5 * 5 = 625 Schleifendurchläufe). Dagegen müssen bei der zweiten Reduktion alle Kombinationen der 5 Gruppen miteinander verglichen werden, d.h. jede Kombination der Gruppe 1 mit jeder Kombination der Gruppe 2, diese zusammen mit jeder Kombination der Gruppe 3 usw. — in jedweder Zuordnungsmöglichkeit. Insgesamt sind das K1 * K2 * K3 * K4 * K5 mögliche Zuordnungen. Bei Rätsel 7 betrug ihre Zahl 8 * 3 * 1 * 10 * 14 = 3 360. Dagegen gibt es bei diesem Rätsel 17 * 40 * 26 * 37 * 11 = 7 195 760 Zuordnungsmöglichkeiten, mehr als das zweitausendfache gegenüber Rätsel 7. Allerdings führt nicht jede Zuordnungsmöglichkeit zu einem Schleifenlauf, da die meisten Durchläufe nach Sprung an das Ende von äußeren Schleifen nicht stattfinden — was aber für beide Programme gilt.

Aus diesen Überlegungen ist als Empfehlung für das Lösen von Rätseln dieser Art abzuleiten: Es sind möglichst viele Bedingungen in Anweisungen zur Ausscheidung bei der ersten Reduktion umzusetzen.

Nur BASIC

Um den langen Programmlauf verfolgen zu können, ist es zweckmäßig, folgende Zeilen in das Programm einzufügen:

```
3580 PRINT "1";B1(T1);C1(T1);D1(T1);
3582 PRINT "  2";B2(T2);C2(T2);D2(T2);
3584 PRINT "  3";B3(T3);C3(T3);D3(T3);
3586 PRINT "  4";B4(T4);C4(T4);D4(T4);
3588 PRINT "  5";B5(T5);C5(T5);D5(T5)
```

Diese Zeilen veranlassen jedesmal die Anzeige aller Elementwerte, gruppiert, sobald die Verarbeitung über die Zeile 3520 hinausgelangt ist. Allerdings kann es dabei leicht passieren, daß — zusammen mit den Elementwerten — die Lösung unbemerkt über den Bildschirm läuft. Deshalb ist die Ausgabe der Lösung auf einen Drucker zu empfehlen.

Zwischenergebnisse und Lösung

Beim Programmlauf werden folgende Auswahlkombinationen ausgegeben (sie sind hier aus Gründen der Platzersparnis und Übersicht gruppenweise angeordnet):

ABCD	ABCD	ABCD	ABCD	ABCD
1112	2112	3112	4112	5312
1151	2114	3114	4141	5314
1152	2151	3142	4142	5321
1153	2152	3152	4143	5322

1155	2153	3154	4151	5324
1212	2154	3155	4152	5331
1221	2212	3212	4153	5332
1222	2214	3214	4212	5334
1223	2221	3232	4221	5351
1225	2222	3234	4222	5352
1231	2223	3242	4223	5354
1232	2224	3252	4231	
1233	2231	3254	4232	
1251	2232	3255	4233	
1252	2233	3412	4241	
1253	2234	3414	4242	
1255	2251	3432	4243	
	2252	3434	4251	
	2253	3442	4252	
	2254	3452	4253	
	2412	3454	4412	
	2414	3455	4421	
	2421	3512	4422	
	2422	3514	4423	
	2423	3552	4431	
	2424	3554	4432	
	2431		4433	
	2432		4441	
	2433		4442	
	2434		4443	
	2451		4451	
	2452		4452	
	2453		4453	
	2454		4512	
	2512		4551	
	2514		4552	
	2551		4553	
	2552			
	2553			
	2554			

Als Lösung erscheint:

    Lösung 1 1225 2431 3142 4553 5314

Nach manuellem Einsetzen der Texte anstelle der Elementwerte lautet die Lösung:

   9 Uhr, Marsman, Gasnebel, Orion
10 Uhr, Neptuner, Pulsare, Perseus
11 Uhr, Merkuro, Doppelsterne, Löwe
13 Uhr, Plutonow, Kugelsternhaufen, Bootes
14 Uhr, Saturnini, Galaxien, Cassiopeia

Nach der nun abgeschlossenen Lösung des Rätsels 8 befassen wir uns im nächsten Abschnitt mit der Reservierung von Speicherplätzen, die wir zunächst zurückgestellt hatten.

8.3 Reservierung der Speicherplätze bei Zuordnungsrätseln

Anzahl der Kombinationen

Bei der Lösung und Erstellung von Zuordnungsrätseln nach der Mehrschrittmethode hängt die Anzahl der Kombinationen, die anfangs durch die FOR-Schleifen gebildet werden, von der Anzahl der Mengen M und der Zahl der Elemente E ab. Beispielsweise sind bei Rätsel 8 vier Schleifen geschachtelt: je eine für die Mengen A, B, C und D. Jede dieser Schleifen läuft bei jedem Aufruf E-mal durch, z.B. bei Rätsel 8 je fünfmal. Insgesamt ergeben sich somit $T = E^M$ Kombinationen, bei Rätsel 8 beispielsweise $5^4 = 5 * 5 * 5 * 5 = 625$.

In der Tabelle a sind die Werte von E^M für Logikrätsel verschiedener Größe angegeben.

Zahl der Elemente E	Zahl der Mengen M				
	3	4	5	6	7
3	27	81	243	729	2187
4	64	256	1024	4096	16384
5	125	625	3125	15625	78125
6	216	1296	7776	46656	279936
7	343	2401	16807	117649	823543
8	512	4096	32768	262144	2097152

Tabelle a): Anzahl der Kombinationen $T = E^M$

Maximaler Platzbedarf

Für die nach der ersten Reduktion noch in Verarbeitung stehenden Kombinationen (Auswahlkombinationen) bzw. Elemente müssen Speicherplätze reserviert werden:

— in BASIC mit DIM-Anweisungen,
— in Pascal mit Felddefinitionen (bei ARRAY).

Zu jeder Gruppe können maximal $T / E = E^{(M-1)}$ Kombinationen gehören, für die im ungünstigsten Fall Speicherplatz bereitzustellen wäre (= maximaler Platzbedarf). In der Tabelle b sind für verschiedene Logikrätsel die maximal erforderlichen Speicherstellen für jede Feldvariable aufgeführt.

Zahl der Elemente E	Zahl der Mengen M				
	3	4	5	6	7
3	9	27	81	243	729
4	16	64	256	1024	4096
5	25	125	625	3125	15625
6	36	216	1296	7776	46656
7	49	343	2401	16807	117649
8	64	512	4096	32768	262144

Tabelle b): Maximale Anzahl der Speicherstellen für jede Feldvariable = $E^{(M-1)}$

Mindestplatzbedarf

Aus der Tabelle b ist ersichtlich, daß der Bedarf an Speicherplätzen mit der Anzahl der Mengen und Elemente stark steigt. Meist aber wird nur ein kleiner Teil der genannten Speicherstellen benötigt. Speicherplätze sind nur für die Elemente von Kombinationen erforderlich, die bei der ersten Reduktion nicht ausgeschieden sind. Ihre Anzahl wird während des Programmlaufs ermittelt und ausgegeben: K1 für die Gruppe 1, K2 für die Gruppe 2 usw. Entsprechend werden für die Feldvariablen der Gruppe 1 je K1 Speicherplätze, für die der Gruppe 2 je K2 Speicherplätze usw. benötigt. Bei Rätsel 8 war z.B. K1 = 17, K2 = 40, K3 = 26, K4 = 37, K5 = 11.

Damit der Arbeitsaufwand möglichst gering bleibt, wird empfohlen, beim Erstellen eines Programms zunächst den betreffenden Wert aus der Tabelle b in die DIM-Anweisungen bzw. Array-Deklarationen zu übernehmen (bei Rätsel 7 und 8: 125). Nur dann, wenn Ihr Computer den Speicherbedarf nicht akzeptiert, d.h. eine Fehlermeldung wegen Speicherüberlaufs ausgibt, müssen diese Anweisungen auf die K-Werte abgestimmt werden. Dazu sind vorab die Werte K1, K2 usw. während eines Programmlaufs zu ermitteln, allerdings ohne dabei Speicherplätze für die Feldvariablen B1(T1) ... oder Arrays B1[T1] ... in Anspruch zu nehmen, beispielsweise

— im BASIC-Programm 7 durch vorläufige Einführung einer GOTO-Anweisung, mit der die Zeilen 2850 bis 2870 übersprungen werden: 2849 GOTO 2900,
— im Pascal-Programm 7P durch vorläufige Umwandlung der letzten fünf Zeilen der Prozedur Erste_Reduktion in Kommentarzeilen (Einfügen in geschweifte Klammern).

Nur BASIC

Die „K-Werte" sind vor Übernahme in die DIM-Anweisung um 1 zu erhöhen, da die Indexziffer 0 bei den Schleifenläufen zwar nicht verwendet, aber ihr Platz trotzdem reserviert wird (es sei denn, daß Ihre BASIC-Version den Befehl *OPTION BASE 1* vorhält und Sie ihn verwenden). Somit ist beispielsweise das Logikrätsel 8 mit folgenden Reservierungen lösbar:

```
1210 DIM B1(18),C1(18),D1(18)
1220 DIM B2(41),C2(41),D2(41)
1230 DIM B3(27),C3(27),D3(27)
1240 DIM B4(38),C4(38),D4(38)
1250 DIM B5(12),C5(12),D5(12)
```

Nur Pascal

Die kleinstmögliche Zahl von Speicherplätzen wird bei der Lösung des Rätsels 8 mit folgender Deklaration reserviert:

```
TYPE
  BR1=ARRAY [0..17] of integer;
  BR2=ARRAY [0..40] of integer;
  BR3=ARRAY [0..26] of integer;
  BR4=ARRAY [0..37] of integer;
  BR5=ARRAY [0..11] of integer;
VAR
  B1,C1,D1: BR1;
  B2,C2,D2: BR2;
  B3,C3,D3: BR3;
  B4,C4,D4: BR4;
  B5,C5,D5: BR5;
```

Aber auch bei einfacherer Schreibweise läßt sich die Zahl der Speicherplätze beträchtlich senken, indem das Feld für alle betreffenden Variablen mit dem größten K-Wert deklariert wird — z.B. im Programm 8P:

```
TYPE
  BR=ARRAY [0..40] of integer;
```

Logiktraining mit Logikrätseln

9 ÜBUNGSBEISPIELE

9.1 Musical „Dogs"

„Wer von Euch hat das Musical 'Dogs' gesehen?" fragte Regisseur Alt die neu engagierten Schauspieler, bevor er ans Telefon gerufen wurde. Die jungen Leute wußten, daß er auf dieses Werk seines Widersachers nicht gut zu sprechen war. Um Diskussionen über das heikle Thema möglichst zu vermeiden, einigten sie sich auf eine (ihn) erschöpfende Antwort:

„Wenn Engelbert das Musical nicht gesehen hat, dann hat Florian es gesehen oder Bertram es nicht gesehen. Wenn Gudrun dort war oder Dirk nicht, dann waren Anette oder Claus unter den Zuschauern. Entweder haben es Karla und Heidrun gesehen oder keine der beiden. Wenn Florian es nicht gesehen hat, dann waren entweder Anette und Jutta dort oder beide nicht. Wenn Dirk es gesehen hat, dann haben es Engelbert und Heidrun nicht gesehen. Wenn Heidrun unter den Zuschauern war oder Anette nicht, dann waren Karla und Engelbert dort. Wenn Florian es gesehen hat, dann hat Claus keine Karten bekommen. Wenn Jutta nicht dort war, dann war auch Karla nicht dort. Wenn Karla keine Gelegenheit hatte, dann war Claus dort. Wenn Anette es gesehen hat, dann hat es Dirk ebenfalls gesehen, aber Gudrun nicht." — Wer hat das Musical gesehen?

9.2 Kegelrunde

Rita hatte ihre neue Freundin Petra zum Kegeln eingeladen. Dabei nannte sie die Namen der Kegelschwestern und zeigte einige Fotos. „Sieben von ihnen arbeiten im hiesigen Krankenhaus. Auf diesem Bild, das dort aufgenommen wurde, sehen alle fast gleich aus in ihren weißen Kitteln. Dabei hat jede einen anderen Beruf", erläuterte Rita. „Welchen?" wollte Petra wissen. Nach einem kurzen, schelmischen Augenaufschlag gab Rita die Antwort:

„Weder Ilse noch Liane oder Susanne ist Röntgen-Assistentin. Waltraud ist weder Röntgen-Assistentin noch Apothekerin. Weder Margot noch Susanne oder Waltraud ist Ärztin. Weder Liane noch Ulrike ist Apothekerin, Stationsschwester oder OP-Schwester. Weder Ilse noch Margot oder Ulrike ist Laborantin oder medizinisch-technische Assistentin.

Wenn Renate nicht Laborantin ist, dann ist weder Ilse noch Susanne Apothekerin. Wenn Ilse OP-Schwester ist, dann ist Susanne nicht Laborantin. Wenn Susanne nicht OP-Schwester ist, dann ist Ulrike nicht Ärztin. Wenn Ulrike Röntgen-Assistentin ist, dann ist Ilse weder Ärztin noch Apothekerin. Wenn Liane Ärztin ist, dann ist Margot nicht Apothekerin. Wenn Ilse Stationsschwester ist, dann ist weder Margot noch Renate, noch Susanne Apothekerin. Wenn Ulrike Röntgen-Assistentin ist, dann ist weder Liane Ärztin noch Waltraud Stationsschwester. Wenn Waltraud medizinisch-technische Assistentin ist, dann ist Liane nicht Laborantin. Wenn Liane medizinisch-technische Assistentin ist, dann ist Waltraud nicht Stationsschwester. So, jetzt habe ich Dir alle mit Namen und Beruf vorgestellt." — Tatsächlich, nun wußte Petra Bescheid.

9.3 Speisekarte

Die Praktikantin sollte die Speisekarte schreiben. Sie wußte, die drei Menüs enthalten als Vorspeise Rindfleischsuppe, Tomatencremesuppe, Fruchtsuppe; als Hauptgericht Jägerschnitzel, Roulade, Hackbraten; als Nachspeise Eiscreme, Kompott, Götterspeise. Aber über die Zusammenstellung kannte sie nur Details: Schnitzel und Eiscreme gehören nicht zum selben Menü. Auf Tomatencremesuppe soll nicht das Jägerschnitzel, aber zuletzt Götterspeise folgen. Zur Roulade gehört die Rindfleischsuppe oder das Kompott. — Was kam nun auf die Speisekarte?

9.4 Kammermusik

Die jungen Damen Brigitte, Corinna, Elke, Karin und Manuela sind sich einig geworden, jede Woche einmal zusammen zu musizieren. Jede beherrscht eines der Instrumente Geige, Cello, Baßgeige, Klarinette oder Flöte; jede hat einen Lieblingskomponisten Bach, Händel, Haydn, Mozart oder Schubert. Die Übungstage wollen sie noch vereinbaren. Dabei ist zu beachten, daß je eine an einem der Tage Montag, Mittwoch, Freitag, Monatserster, Monatsletzter verhindert ist. Welche der Damen spielt welches Instrument, hat Vorliebe für welchen Komponisten und kann an welchem Tage nicht kommen, wenn bekannt ist:

Am Monatsletzten kann Elke nicht teilnehmen. Die Dame mit dem Lieblingskomponisten Mozart ist an jedem Monatsersten verhindert. Die Cellistin heißt Manuela. Die Klarinettistin verehrt Haydn. Freitags kann die Baßgeigerin nicht erscheinen. Die Flötenspielerin heißt nicht Karin, ihr Lieblingskomponist ist weder Bach noch Schubert, noch Händel. Der Liebhaberin von Händels Musik, die nicht Geige spielt, wäre der Montag am liebsten zum gemeinsamen Musizieren. Der Montag würde auch der Dame, die eine Schwäche für Schubert hat, gut passen. Den Mittwoch als Übungstag akzeptieren Corinna, Karin, die Cellistin und die Geigenspielerin.

9.5 Exotische Pflanzen (2)

Auch im übernächsten Jahr möchte Andreas das in sechs Sektoren geteilte Beet mit den gleichen Gewächsen wie in diesem Jahr bepflanzen. Welche Möglichkeiten des Anbaus gibt es, wenn er die Regeln von Rätsel 4 beachtet und wenn er im nächsten Jahr die Planzen nach der Lösung von Rätsel 4 setzt, d.h. auf: Sektor 1 Hieracium, Sektor 2 Basellum, Sektor 3 Zizanius, Sektor 4 Knautius, Sektor 5 Phyllitus, Sektor 6 Ranunculus?

9.6 Außenhandel

In einer Firmengruppe, die ihre Aktivitäten auf die Länder Abrasien, Belusien, Creotien, Dolorien, Embrasien und Felicien ausdehnen möchte, bemüht man sich, mehr über den Handel mit dieser Region zu erfahren. Man weiß:

Hauptexportartikel dorthin sind Arzneien, Automobile, Elektroartikel, Maschinenbauerzeugnisse, Elektronikartikel, Chemikalien. Hauptimportartikel von dort sind chemische Grundstoffe, Erze, Tierfutter, Nahrungsmittel, Textilien, Erdöl. Künftige Exportchancen gibt es für medizinische Geräte, Tierarzneimittel, Anlagenbau, Einrichtungen für alternative Energieversorgung, Industrie-Roboter, Einrichtungen für den Umweltschutz. Absatzhemmnisse bestehen durch ausländische Konkurrenz, eigene Industrialisierung (in dem betreffenden Land), schlechte Bonität, Finanzmangel, unausgeglichene Handelsbilanz, politische Schwierigkeiten. Für Fragen des Handels mit diesen Ländern sind bei der eigenen Regierung zuständig: Frau Gronert, Frau Hanert, die Herren Illert, Jokert, Kunert, Lobert. Der Exportumsatz mit diesen Ländern ist unterschiedlich hoch.

Für Handelsfragen mit je einem der beiden Länder, die genau in der Mitte der Exportumsatz-Skala liegen, sind die Herren Illert und Kunert zuständig. Felicien liegt in der Exportumsatz-Skala eine Stelle vor Dolorien. Der Exportumsatz mit dem Land, aus dem hauptsächlich Erdöl importiert wird, liegt drei Stellen vor dem mit dem Land, das den Kauf einer größeren Zahl von Industrie-Robotern plant. Der größte Exportumsatz wird mit Chemikalien erzielt, der zweitgrößte mit dem Land, dessen Industrie stark wächst, der drittgrößte mit dem Land, in dem die ausländische Konkurrenz besonders stark ist, der viertgrößte mit einem Land, dessen Hauptproblem nicht die Bonität ist, der fünftgrößte mit einem Land, aus dem nicht hauptsächlich Textilien eingeführt werden. Frau Hanert ist zuständig für das Land, dessen Hauptproblem die unausgeglichene Handelsbilanz ist. Herr Kunert ist nicht für Felicien kompetent.

In dem Land, in das hauptsächlich die Maschinenbaubranche exportiert, besteht in Zukunft ein großer Bedarf an Tierarzneimitteln. Abrasien, das hauptsächlich Automobile importiert, exportiert kein Tierfutter. Frau Gronert hat nichts mit Ländern zu tun, aus denen hauptsächlich chemische Grundstoffe oder Erze kommen, auch nichts mit dem Land, in das vorwiegend Automobile exportiert werden. Der Anlagenbau sieht seine Zukunftschancen in Embrasien, aber nicht in dem Land, in das meist Elektronik exportiert wird, auch nicht in dem Land mit unausgeglichener Handelsbilanz. Nach Belusien exportiert vor allem die Elektroindustrie. Creotien dürfte bald seine alternative Energieerzeugung beträchtlich erweitern. Hauptsächlich Nahrungsmittel kommen aus dem Land, in dem ein umfangreiches Programm für den Umweltschutz realisiert werden soll. Für den Handel mit dem Land, aus dem vorwiegend Textilien eingeführt werden, ist Herr Jokert zuständig. Chemische Grundstoffe kommen aus dem Land, um dessen Bonität es schlecht steht. Erze werden vor allem aus dem Land eingeführt, für das ein hoher Bedarf an Tierarzneimitteln prognostiziert wird. Arzneien werden insbesondere in das Land mit sehr großer Finanzknappheit exportiert. Größere Mengen medizinischer Geräte werden nächstens in dem Land gebraucht, das zur Zeit große politische Schwierigkeiten zu bewältigen hat.

Einander zuzuordnen sind: Umsatzhöhe, Land, zuständige Person, Hauptexportartikel, Hauptimportartikel, Absatzhemmnis, künftige Exportchance.

II ENTWICKLUNG VON LOGIKRÄTSELN

Einige der Logikrätsel, die wir mit Hilfe eines Computers gelöst haben, lassen sich vielleicht schneller „von Hand" lösen. Im Prinzip trifft das auch für die Entwicklung von Logikrätseln zu: Es gibt Rätsel, die mit einigen Überlegungen erstellt werden können, bei denen ein Computer keine Vorteile bringt. Andererseits gibt es nur mit großem Aufwand erstellbare Logikrätsel, bei deren Anfertigung ein Computer sehr hilfreich, ja nahezu unentbehrlich ist. Die Zweckmäßigkeit eines Computereinsatzes hängt nicht zuletzt davon ab, ob sich der Ersteller besser mit Logikrätseln oder mit Computern auskennt. Hilfreich ist ein Computer in den meisten Fällen zum Testen eines selbst angefertigten Logikrätsels, wobei auf Lösbarkeit, Eindeutigkeit und oft auch auf Redundanz zu prüfen ist (auf den letzten Begriff kommen wir noch zurück).

Große Unterschiede gibt es auch in der Entwicklungsmethode: Man kann bei der Herstellung mehr oder minder systematisch vorgehen, man kann aber auch den Computer mehr oder minder nach der Versuch-und-Irrtum-Methode arbeiten lassen. Welche Vorgehensweise zweckmäßiger ist, hängt ebenfalls von der Art des Logikrätsels, aber auch von der Art der Vorkenntnisse ab.

Unterschiede bestehen ferner im Entwicklungsziel: Es können Logikrätsel angestrebt werden, die — bei manueller Lösung — Schritt für Schritt durch Überlegungen lösbar sind, ohne viel probieren zu müssen. Umgekehrt kann es der Ersteller darauf anlegen, daß die Lösung nur durch eine große Zahl von Versuchen erhältlich ist.

10 BURGENFAHRT

Logiktraining mit Logikrätseln

Wir entwickeln als erstes ein Rätsel, das dazu keine streng systematische Vorgehensweise fordert. Aber wir geben uns schon ein Ziel, eine bestimmte Lösung vor. Das Rätsel soll in der Art von Rätsel 2 „Anschaffung eines Meßgerätes" sein, mit zehn Laufvariablen A bis K, die entweder den Wert 0 oder 1 annehmen können. Zunächst planen wir das Lösungsschema abstrakt, d.h. ohne eine „Geschichte":

```
Variable  A  B  C  D  E     F  G  H  J  K
-------------------------------------------
Wert      0  0  1  1  0     0  1  1  0  1
```

Insgesamt gibt es dabei $2^{10} = 1\,024$ Möglichkeiten bzw. Kombinationen.

Zur Erstellung benutzen wir eine Kopie von Programm 2 bzw. 2P. Zu löschen sind

— im BASIC-Programm: Unterprogramm 2, Zeilen 700, 1010 bis 1080, 1300,
— im Pascal-Programm: Prozedur Resuemee (einschl. Prozeduraufruf), die mit Bedingung 1 bis 8 gekennzeichneten Zeilen, Zeile SUM ...

Außerdem sind in den Programmkopien die FOR-Schleifen, Ausgabeanweisungen und — im Pascal-Programm — die Variablendeklaration zu aktualisieren.

Festlegung der Bedingungen

Anhand der geplanten Lösung legen wir willkürlich eine Bedingung fest: *Wenn D den Wert 1 hat, dann muß F den Wert 0 haben.* Alle Kombinationen, in denen bei D gleich 1 der Wert von F nicht 0 ist, sind zu verwerfen. Die entsprechende Anweisung lautet:

```
1010 IF D=1 AND NOT (F=0) GOTO 1900     (BASIC)
     IF (D=1) AND NOT (F=0) THEN EXIT;  (Pascal)
```

Startet man das Programm mit dieser einen Bedingungsanweisung, dann ergeben sich 768 Lösungen (W = 768). Diese Anweisung scheidet also 1 024 — 768 = 256 Kombinationen aus der Verarbeitung aus. Warum 256 Ausscheidungen? — Das ist leicht nachzuvollziehen: In der einen Hälfte der 1 024 Kombinationen hat D den Wert 0 und in der andern Hälfte den Wert 1, jeweils also 512mal. In den 512 Kombinationen mit D gleich 1 weist F je zur Hälfte den Wert 0 und 1 auf. Mit D gleich 1 und F gleich 1 gibt es also 512 : 2 = 256 Kombinationen, eben die, die bei diesem Programmlauf eliminiert werden.

Als nächstes legen wir anhand der geplanten Lösung — ebenfalls in freier Wahl — die zweite Ausscheidungsbedingung fest: *Wenn B null ist, dann muß E oder H den Wert 1 haben.* Daraus ergibt sich die Programmzeile:

```
1020 IF B=0 AND NOT (E=1 OR H=1) GOTO 1900    (BASIC)
IF (B=0) AND NOT ((E=1) OR (H=1)) THEN EXIT;  (Pascal)
```

Nach Programmlauf mit auch dieser Zeile bleiben noch 672 Möglichkeiten (W = 672). Ziel ist W = 1, d.h. eine einzige und somit eindeutige Lösung. Um dieses Ziel zu erreichen, bringen wir noch weitere Zeilen in der beschriebenen Weise in das Programm. Dabei werden alle Variablen einigermaßen gleichmäßig beteiligt. (Anmerkung: Wegen der Ähnlichkeit der BASIC- und Pascal-Anweisungen wird im weiteren meist nur noch die „BASIC-Version" aufgeführt.)

```
1030 IF (G=1 OR C=0) AND NOT (J=0 AND A=0) GOTO 1900    W = 294
1040 IF G=E GOTO 1900                                    W = 156
1050 IF K<>D GOTO 1900                                   W = 78
1260 IF C=1 AND H=0 GOTO 1900                            W = 51
```

Mit den sechs Programmzeilen ist die Zahl der möglichen Lösungen auf 51 reduziert worden. (Die Bemerkungen am rechten Zeilenrand über die Werte von W dürfen natürlich nicht programmiert werden.) Die weiteren Anweisungen werden wir gezielter festlegen. Dazu drucken wir die 51 Lösungen aus (sie sind hier zur Platzersparnis nebeneinander geschrieben):

Logiktraining mit Logikrätseln

ABCDE	FGHJK	Lösung	ABCDE	FGHJK	Lösung
00000	01100	1	01010	01001	27
00000	11100	2	01010	01101	28
00001	00000	3	01011	00001	29
00001	00100	4	01011	00101	30
00001	10000	5	01100	01100	31
00001	10100	6	01100	11100	32
00010	01101	7	01101	00100	33
00011	00001	8	01101	00110	34
00011	00101	9	01101	10100	35
00100	01100	10	01101	10110	36
00100	11100	11	01110	01101	37
00101	00100	12	01111	00101	38
00101	00110	13	01111	00111	39
00101	10100	14	10101	00100	40
00101	10110	15	10101	00110	41
00110	01101	16	10101	10100	42
00111	00101	17	10101	10110	43
00111	00111	18	10111	00101	44
01000	01000	19	10111	00111	45
01000	01100	20	11101	00100	46
01000	11000	21	11101	00110	47
01000	11100	22	11101	10100	48
01001	00000	23	11101	10110	49
01001	00100	24	11111	00101	50
01001	10000	25	11111	00111	51
01001	10100	26			

Lösungen mit Programmzeilen 1010 bis 1060

Mit der nächsten Anweisung wollen wir möglichst viele Kombinationen ausscheiden. Aus den vorstehenden Ergebnissen ist zu entnehmen, daß oft Kombinationen mit B gleich 1 oder H gleich 1 in Verbindung mit K = 0 oder C = 0 vorkommen. Deshalb nehmen wir diese als nächste aus dem Lösungsgang:

1070 IF (B=1 OR H=1) AND (K=0 OR C=0) GOTO 1900

Hierdurch verringert sich die Anzahl der möglichen Lösungen auf 13:

ABCDE	FGHJK	Lösung	ABCDE	FGHJK	Lösung
00001	00000	1	01111	00101	8
00001	10000	2	01111	00111	9
00011	00001	3	10111	00101	10
00110	01101	4	10111	00111	11
00111	00101	5	11111	00101	12
00111	00111	6	11111	00111	13
01110	01101	7			

Lösungen mit Programmzeilen 1010 bis 1070

Mit dem Ziel, nochmal viele Kombinationen aus der Verarbeitung auszuscheiden, geben wir anhand des vorstehenden Protokolls die nächste Zeile in das Programm ein:

1080 IF E=1 AND K=1 GOTO 1900

Das vermindert die Zahl der Lösungen auf vier:

ABCDE	FGHJK	Lösung
00001	00000	1
00001	10000	2
00110	01101	3
01110	01101	4

Lösungen mit Programmzeilen 1010 bis 1080

Nun wollen wir uns noch der drei „überflüssigen" Lösungen entledigen. Das gelingt beispielsweise durch Ausscheidung aller Kombinationen, in denen A den Wert 0 hat und außerdem B gleich 1 oder C gleich 0 ist:

1090 IF A=0 AND (B=1 OR C=0) GOTO 1900

Der Programmlauf ergibt jetzt nur noch eine Lösung, die mit der geplanten identisch ist, eben **die** Lösung:

```
ABCDE  FGHJK  Lösung
---------------------
00110  01101  1
```

Das gesamte Programm für dieses Rätsel lautet somit (BASIC und Pascal):

BASIC-Programm 10   Burgenfahrt

```
10    REM Programm 10 "Burgenfahrt"
20    W=0: REM W = Anzahl der Lösungen
30    PRINT "A B C D E F G H J K Lösung": REM Überschrift
32    PRINT "-------------------------"
48    :
50    FOR A=0 TO 1: FOR B=0 TO 1: FOR C=0 TO 1: FOR D=0 TO 1
55    FOR E=0 TO 1: FOR F=0 TO 1: FOR G=0 TO 1: FOR H=0 TO 1
60    FOR J=0 TO 1: FOR K=0 TO 1
98    :
100   GOSUB 1000: REM --- Zu Unterprogramm 1 (Bedingungen, Ausgabe)
498   :
500   NEXT K: NEXT J: NEXT H: NEXT G
510   NEXT F: NEXT E: NEXT D: NEXT C: NEXT B: NEXT A
900   END
998   :
1000  REM * * * Unterprogramm 1: Bedingungen * * * * * * * * * * * * *
1010  IF D=1 AND NOT (F=0) THEN GOTO 1900           : REM Bedingung 1
1020  IF B=0 AND NOT (E=1 OR H=1) THEN GOTO 1900    : REM Bedingung 2
1030  IF (G=1 OR C=0) AND NOT (J=0 AND A=0) GOTO 1900  : REM Bed. 3
1040  IF G=E THEN GOTO 1900                         : REM Bedingung 4
1050  IF K<>D THEN GOTO 1900                        : REM Bedingung 5
1060  IF C=1 AND H=0 THEN GOTO 1900                 : REM Bedingung 6
1070  IF (B=1 OR H=1) AND (K=0 OR C=0) GOTO 1900    : REM Bedingung 7
1080  IF E=1 AND K=1 THEN GOTO 1900                 : REM Bedingung 8
1090  IF A=0 AND (B=1 OR C=0) THEN GOTO 1900        : REM Bedingung 9
1200  W=W+1
1500  PRINT A;B;C;D;E;" ";F;G;H;J;K;" ";W
1900  RETURN
```

Burgenfahrt

Pascal-Programm 10P   Burgenfahrt

```
PROGRAM Prog10P;     {Burgenfahrt}
VAR
 A,B,C,D,E,F,G,H,J,K,W:      integer;

PROCEDURE Bedingungen;
 BEGIN
  IF (D=1) AND NOT (F=0) THEN EXIT;            {vgl. Zeile 1010}
  IF (B=0) AND NOT ((E=1) OR (H=1)) THEN EXIT; {vgl. Zeile 1020}
  IF ((G=1) OR (C=0)) AND NOT ((J=0) AND (A=0)) THEN EXIT;
  IF G=E THEN EXIT;                            {vgl. Zeile 1040}
  IF K<>D THEN EXIT;                           {vgl. Zeile 1050}
  IF (C=1) AND (H=0) THEN EXIT;                {vgl. Zeile 1060}
  IF ((B=1) OR (H=1)) AND ((K=0) OR (C=0)) THEN EXIT;   {Z. 1070}
  IF (E=1) AND (K=1) THEN EXIT;                {vgl. Zeile 1080}
  IF (A=0) AND ((B=1) OR (C=0)) THEN EXIT;     {vgl. Zeile 1090}
  W:=W+1;
  writeln(A,B,C,D,E,' ',F,G,H,J,K,' ',W)       {Ausgabe der Lösung}
 END;    {von Prozedur Bedingungen}

BEGIN    {Hauptprogramm}
 W:=0;
 writeln ('ABCDE FGHJK Lösung');  {Überschrift}
 writeln ('-------------------');
 FOR A:=0 TO 1 DO
  FOR B:=0 TO 1 DO
   FOR C:=0 TO 1 DO
    FOR D:=0 TO 1 DO
     FOR E:=0 TO 1 DO
      FOR F:=0 TO 1 DO
       FOR G:=0 TO 1 DO
        FOR H:=0 TO 1 DO
         FOR J:=0 TO 1 DO
          FOR K:=0 TO 1 DO
           Bedingungen
END.    {von Programm}
```

Die Geschichte dazu

Jetzt muß das Rätsel noch in Worte gefaßt werden. Versuchen wir es mit einer Story, in der eine Person mitteilt, welche von zehn Orten, deren Namen mit „burg" enden, sie besucht hat. Die Variablennamen sind die Anfangsbuchstaben der Orte. Dazu suchen wir Ortsnamen, die mit diesen Buchstaben beginnen. Der Wert 1 steht für *war dort*, 0 für *war nicht dort*. Den Text kann man von der betreffenden Programmzeile fast „ablesen":

Zu Zeile 1010
Wenn ich in Duisburg war, dann war ich nicht in Flensburg.

Zu Zeile 1020
Wenn ich nicht in Brandenburg war, dann war ich in Ebersburg oder in Hamburg. Man kann die Zeile 1020 auch umformen, wie bei Rätsel 1 gezeigt:

```
1020 IF B=0 AND E=0 AND H=0 THEN GOTO 1900    oder
1020 IF B=0 AND E=0 AND NOT (H=1) THEN GOTO 1900
```

Zu dieser Anweisung können wir schreiben: *Wenn ich nicht in Brandenburg und nicht in Ebersburg war, dann war ich in Hamburg.* Beide Aussagen sind gleichwertig, natürlich auch die drei Programmzeilen. Aus der vorletzten Schreibweise der Anweisung können alternativ weitere Sätze abgeleitet werden:

— *Wenn ich nicht in Brandenburg und nicht in Hamburg war, dann war ich in Ebersburg* (1020 IF B=0 AND H=0 AND NOT (E=1) THEN GOTO 1900).
— *Wenn ich nicht in Hamburg und nicht in Ebersburg war, dann war ich in Brandenburg* (Wie lautet hier die Programmzeile in „ablesbarer" Form?).

Im Rätseltext können Sie diejenige der vier Versionen aufführen, die Ihnen am meisten zusagt.

Zu Zeile 1030
Wenn ich in Günzburg war oder nicht in Coburg, dann war ich nicht in Judenburg und nicht in Augsburg.

Zu Zeile 1040
Entweder war ich in Günzburg und nicht in Ebersburg oder ich war in Ebersburg und nicht in Günzburg.

Zu Zeile 1050
Entweder war ich in Klosterneuburg und in Duisburg oder in keinem dieser beiden Orte.

Zu Zeile 1060
Wenn ich in Coburg war, dann war ich auch in Hamburg.

Zu Zeile 1070
Wenn ich in Brandenburg oder in Hamburg war, dann war ich auch in Klosterneuburg und in Coburg (`IF (B=1 OR H=1) AND NOT (K=1 AND C=1)`).

Zu Zeile 1080
Wenn ich in Ebersburg war, dann war ich nicht in Klosterneuburg.

Zu Zeile 1090
Wenn ich nicht in Augsburg war, dann war ich nicht in Brandenburg, aber in Coburg (`1090 IF A=0 AND NOT (B=0 AND C=1) THEN GOTO 1900`).

Nach Formulierung der Einleitung und des abschließenden Fragesatzes, um die der Leser gebeten wird, ist das Rätsel fertig. Besser wäre es allerdings, wenn Sie selbst eine kleine Geschichte erfänden. Vermutlich fällt Ihnen etwas weit Interessanteres oder Originelleres ein — das gilt nicht nur für dieses Rätsel, sondern für alle Rätsel in diesem Buch, vor allem für solche, die Sie selbst erstellen werden.

Es geht auch schwieriger

Wir haben es den Rätselratern leicht gemacht, weil in den meisten Bedingungen der erste Satzteil „Wenn ..." der Lösung entspricht. Beispielsweise beginnt die Zeile 1010 mit „IF D=1" und deshalb die Bedingung mit „Wenn ich in Duisburg war". Nach der Lösung ist tatsächlich D=1 und somit Duisburg besucht worden. Ein Rätsel dieser Art, bei dem in allen Bedingungen der erste Satzteil dem Ergebnis entspricht, ist naturgemäß leicht zu lösen: Man braucht nur „der Reihe nach" fortzufahren und kommt fast zwangsläufig auf die Lösung.

Damit das Lösen „per Hand" nicht ganz so einfach ist, können wir ein paar falsche Spuren legen. Dazu formulieren wir einige zusätzliche Bedingungen, bei denen der erste Satzteil *nicht* der Lösung entspricht, zunächst aber per Computer: Da in der Lösung F gleich 0 ist, geben wir eine neue Programmzeile mit F=1 ein, z.B.

```
1092 IF F=1 AND J=1 THEN GOTO 1900
```

Der probeweise Programmlauf zeigt das gleiche Ergebnis wie ohne diese Zeile. Somit können wir den Text für die neue Bedingung festlegen: *Wenn ich in Flensburg war, dann war ich nicht in Judenburg.* — Auf diese Art kann man das Rätsel um beliebig viele weitere Bedingungen „bereichern". Allerdings ist es besser, von vornherein viele Programmzeilen so zu schreiben, daß der dem Vorderglied entsprechende Anweisungsteil im Gegensatz zum Lösungsschema steht.

11 OKKULTISMUS

Bei dem jetzt zu erstellenden Rätsel sind je drei Elemente von drei Mengen einander zuzuordnen. Es hat die gleiche Struktur wie das Rätsel 6 „Wandern im Karwendelgebirge". Deshalb verwenden wir zur Entwicklung Programm 6 oder 6P, das dazu vorbereitet werden muß durch

— Löschung der Bedingungsanweisungen im Unterprogramm 2 und in der Prozedur Erste_Reduktion und
— Vereinfachung der Ausgabe: numerisch statt wörtlich, d.h. sinngemäß wie in den Programmen 7 und 7P.

Die Mengen werden ebenfalls mit A, B und C bezeichnet, die Elemente mit 1, 2 und 3. Es steht uns frei, gleich den Text festzulegen, der den Werten der Elemente entspricht, oder zunächst abstrakt, d.h. nur mit den Ziffern in Verbindung mit den Bezeichnungen der Mengen zu arbeiten. Wir entscheiden uns dafür, schon vorher zu texten, und „spinnen":

Drei Damen befassen sich damit, den Schleier um das Unerkennbare und Unerforschliche zu lüften: die eine durch Lesen aus dem Kaffeesatz, die zweite durch Kartenlegen und die andere mit Hilfe eines Pendels. Jede hat ihre Kenntnisse aus einer anderen Quelle: von einer früheren Nachbarin, von einer Freundin, von der Großmutter. Eine von ihnen macht das zum Zeitvertreib, die andere zum Geldverdienen und die dritte gar, weil sie daran glaubt.

Nach unserem Belieben setzen wir die Zuordnung dieser „Fakten" zu den Mengen und Werten der Elemente fest:

Elementwert	Menge A	Menge B	Menge C
1	aus Kaffeesatz lesen	Nachbarin	Zeitvertreib
2	Kartenlegen	Freundin	Gelderwerb
3	Pendeln	Großmutter	daran glauben

Dann geben wir, ebenfalls nach unserem Gutdünken, die Lösung des Rätsels, also die Zuordnung, vor:

Kaffeesatz,	Freundin,	Zeitvertreib
Kartenlegen	Großmutter	daran glauben
Pendeln	Nachbarin	Gelderwerb

Damit ein interessierter Dritter das Rätsel lösen kann, sind diesem hinreichend viele Informationen zu geben, aber — das gilt für alle Zuordnungsrätsel — nicht mehr. Diese Informationen bestimmen wir mit den Programmzeilen, die wir als nächstes entwickeln.

Erstellen der Programmzeilen

Die obige Lösungsvorgabe wird in ein numerisches Lösungsschema umgewandelt:

```
A  B  C
----------
1  2  1
2  3  3
3  1  2
```

Anhand dieser Ziffern legen wir in freier Wahl eine Entscheidungsinformation fest, d.h. eine Information darüber, welche Elemente aus zwei verschiedenen Mengen zusammengehören: A gleich 2 mit B gleich 3. Danach scheiden alle Kombinationen (alle Zuordnungen) als eventuelle Lösungen aus, in denen A gleich 2 mit B ungleich 3 zusammensteht, außerdem die, in denen B gleich 3 mit A ungleich 2 vorkommt. Die entsprechenden Anweisungen sind in das Unterprogramm 2 bzw. in die Prozedur Erste_Reduktion einzubringen:

In BASIC
```
2120 IF A=2 AND B<>3 GOTO 2900
2130 IF A<>2 AND B=3 GOTO 2900
```

In Pascal
```
IF (A=2) AND (B<>3) THEN EXIT;     {vgl. Zeile 2120}
IF (A<>2) AND (B=3) THEN EXIT;     {vgl. Zeile 2130}
```

Der Programmlauf mit diesen Zeilen zeigt folgende 12 Lösungsmöglichkeiten:

Lösung	ABC	ABC	ABC
1	111	232	323
2	111	233	322
3	112	231	323
4	112	233	321
5	113	231	322
6	113	232	321
7	121	232	313
8	121	233	312
9	122	231	313
10	122	233	311
11	123	231	312
12	123	232	311

Aus diesem Ausdruck ist erkennbar, daß mit A = 1 und B = 1 weitere sechs Kombinationen eliminiert werden können; also schreiben wir in das Programm:

2140 IF A=1 AND B=1 GOTO 2900   (BASIC)

IF (A=1) AND (B=1) THEN EXIT {vgl. Zeile 2140}   (Pascal)

Damit bleiben noch sechs Zuordnungen im Lösungsgang:

Lösung	ABC	ABC	ABC
1	121	232	313
2	121	233	312
3	122	231	313
4	122	233	311
5	123	231	312
6	123	232	311

Okkultismus

Nun wird es mühsam: Das Protokoll zeigt, daß sich mit einer Einschränkungsbedingung nicht mehr als zwei Kombinationen ausscheiden lassen. Anhand dieses Ausdruckes legen wir deshalb fest, zweimal 2 Lösungsmöglichkeiten auszusondern: die bei den Lösungen 3 und 4 sowie bei 5 und 6:

```
2160 IF B=2 AND C=2 GOTO 2900                    (BASIC)
2180 IF A=1 AND C=3 GOTO 2900

IF (B=2) AND (C=2) THEN EXIT    {vgl. Zeile 2160}   (Pascal)
IF (A=1) AND (C=3) THEN EXIT    {vgl. Zeile 2180}
```

Im Lösungsgang sind jetzt nur noch diese beiden Möglichkeiten:

Lösung	ABC	ABC	ABC
1	121	232	313
2	121	233	312

Die Lösung 2 entspricht der Zuordnung, die wir uns als Lösung vorgegeben haben. Lösung 1 ist also zu eliminieren. Dazu zeigt der Lösungsausdruck mehrere Möglichkeiten; wir wählen:

```
2200 IF A=2 AND C=2 GOTO 2900                    (BASIC)

IF (A=2) AND (C=2) THEN EXIT    {vgl. Zeile 2200}   (Pascal)
```

Nun bringt der Programmlauf nur noch eine, die angestrebte **Lösung**:

Lösung	ABC	ABC	ABC
1	121	233	312

Bedingungen in Worten

Nach „Ablesen" der Programmzeilen können wir den Rätselfreunden die Informationen geben, die zur Lösung erforderlich sind:

Zu Zeile 2160
Das von der Freundin Erlernte dient nicht zum Gelderwerb.

Zu Zeile 2140 und 2180
Die Dame, die kommende Geschehnisse aus dem Kaffeesatz liest, hat ihre Kenntnisse weder von einer Nachbarin noch glaubt sie ernsthaft an eine Vorausbestimmbarkeit des Schicksals.

Zu Zeile 2120, 2130 und 2200
Die Kartenlegerin, die von ihrer Großmutter unterwiesen worden ist, nimmt für ihre Dienste kein Geld.

Zur Komplettierung des Rätsels ist noch eine Einleitung zu schreiben und die Frage nach der Zuordnung zu stellen — worum der Leser gebeten wird.

12 AUSLANDSREISEN

Logiktraining mit Logikrätseln

Das anzufertigende Rätsel soll im Prinzip wie Rätsel 8 „Astronomische Tagung" sein, in dem je fünf Elemente aus vier verschiedenen Mengen einander zuzuordnen waren. Zur Entwicklung wird eine Kopie von Programm 8 oder 8P benutzt, in der die Bedingungsanweisungen in den Unterprogrammen 2 und 4 sowie in den Prozeduren Erste_Reduktion und Vergleichsbedingungen gelöscht sind. Wir wollen das Rätsel zunächst ohne Beziehung zu Textangaben erstellen, sondern nur mit den Mengenbezeichnungen A, B, C und D sowie den Elementwerten 1 bis 5. Das Lösungsschema legen wir willkürlich fest:

```
A  B  C  D
----------
1  4  1  3
2  5  3  2
3  1  5  4
4  2  2  5
5  3  4  1
```

12.1 Entwicklung der Anweisungen

Zuerst stellen wir — nach freier Wahl — die Programmzeilen für drei Vergleichsbedingungen auf, dann für drei Entscheidungsbedingungen und zuletzt für die Einschränkungsbedingungen. Wieviele Einschränkungsbedingungen erforderlich sind, wird sich erst während der Entwicklung herausstellen. Mit diesen Anweisungen sollen alle möglichen (1 728 000) Lösungen bis auf eine reduziert werden, nämlich bis auf die uns selbst vorgegebene Lösung.

Damit überhaupt Vergleichsbedingungen formuliert werden können, muß das Rätsel mindestens eine Menge enthalten, deren Elemente sich zum Vergleich eignen. Im Rätsel 8 waren das die Anfangszeiten. Gut zu Vergleichen geeignet sind vor allem solche Mengen, deren Elemente Zahlen sind oder die sich als Zahlenwerte angeben lassen. Brauchbar sind auch Mengen, deren Elemente sich in eine alphabetische Reihenfolge bringen lassen, beispielsweise durch ihre Anfangsbuchstaben. Selbstverständlich kann man sich auch andere Vergleichsmerkmale ausdenken. In unserem Rätsel, so legen wir fest, sollen die Elemente der Menge A dem Vergleich dienen.

Vergleichsbedingungen

Vergleichsbedingung 1

Anhand des Lösungsschemas wählen wir: *C gleich 1 liegt eine Stelle vor C gleich 3* (hierbei soll „vorn" in Richtung A gleich 1 sein). Demnach ist es nicht möglich, daß C gleich 3 ganz „vorn" liegt, also bei A gleich 1. Ebenso kann C gleich 1 nicht ganz „hinten" liegen, also nicht dem Elementwert A gleich 5 zugeordnet werden. Für diese anteiligen direkten Bedingungen, die aus der Vergleichsbedingung 1 resultieren, ergeben sich die Anweisungen:

In BASIC
```
2120 IF A=1 AND C=3 GOTO 2900
2122 IF A=5 AND C=1 GOTO 2900
```

In Pascal
```
IF (A=1) AND (C=3) THEN EXIT;
IF (A=5) AND (C=1) THEN EXIT
```

Für den Fall, daß C1(T1) gleich 1 ist, muß C2(T2) gleich 3 sein, sonst ist der Vergleich mit einer anderen Kombination fortzusetzen, also:

In BASIC
```
4110 IF C1(T1)=1 AND C2(T2)<>3 GOTO 4900
```

In Pascal
```
IF (C1[T1]=1) AND (C2[T2]<>3) THEN EXIT
```

Ebenso muß, wenn C2(T2) gleich 1 ist, C3(T3) gleich 3 sein. Da dem Rätselrater nicht bekannt ist, an welcher Stelle die zu vergleichenden Elemente in der Lösung liegen, müssen die entsprechenden Anweisungen für alle in Frage kommenden Wertepaare aufgestellt werden, siehe Unterabschnitt „Gesamtes Programm",

— in BASIC Zeilen 4110 bis 4116
— in Pascal die ersten vier Zeilen unter {Vergleichsbedingung 1}

Desgleichen muß, wenn C2(T2) gleich 3 ist, C1(T1) gleich 1 sein usw. Die betreffenden vier Anweisungen stehen in den Zeilen 4130 bis 4136 bzw. — in Pascal — ebenfalls unter {Vergleichsbedingung 1}.

Vergleichsbedingung 2

Diese Vergleichsbedingung bestimmen wir ebenfalls in freier Wahl angesichts des Lösungsschemas: *B gleich 3 liegt drei Stellen hinter B gleich 5.* Somit kann B gleich 3 nicht bei A gleich 1, 2 oder 3 liegen, ebenso nicht B gleich 5 bei A gleich 3, 4 oder 5. Die betreffenden Programmzeilen lauten:

```
2140 IF B=3 AND (A=1 OR A=2 OR A=3) GOTO 2900
2142 IF B=5 AND (A=3 OR A=4 OR A=5) GOTO 2900
```

Die entsprechenden Pascal-Anweisungen sind wegen der Ähnlichkeit zu den BASIC-Anweisungen nicht besonders aufgeführt, das gilt auch für die weiteren Programmzeilen. Sämtliche Pascal-Zeilen sind jedoch im Unterabschnitt „Gesamtes Programm" zusammengestellt (ebenso alle BASIC-Zeilen).

Die Anweisungen für das Unterprogramm „Vergleichsbedingungen" ergeben sich in gleicher Weise wie bei Vergleichsbedingung 1 zu:

```
4210 IF B1(T1)=5 AND B4(T4)<>3 GOTO 4900 usw. bis einschl. Zeile
4232.
```

Vergleichsbedingung 3

Mit Blick auf das Lösungsschema beschließen wir die dritte Vergleichsbedingung: *C gleich 4 liegt zwei Stellen hinter D gleich 4.* Aus den darin enthaltenen direkten Bedingungen leiten wir ab:

```
2160 IF D=4 AND (A=4 OR A=5) GOTO 2900
2162 IF C=4 AND (A=1 OR A=2) GOTO 2900
```

Sinngemäß wie bei Vergleichsbedingung 1 wird codiert:

```
4310 IF D1(T1)=4 AND C3(T3)<>4 GOTO 4900 usw. bis einschl. Zeile
4334.
```

Direkte Bedingungen

Entscheidungsbedingungen

Unter Beachtung des Lösungsschemas — sonst aber mit Willkür — legen wir die drei Entscheidungsbedingungen fest:

D gleich 3 ist B gleich 4 zuzuordnen
D gleich 5 ist C gleich 2 zuzuordnen
C gleich 5 ist B gleich 1 zuzuordnen

Daraus sind die entsprechenden Programmzeilen zu schreiben:

2220 IF B=4 AND D<>3 GOTO 2900   usw. bis einschl. Zeile 2262.

Der Programmlauf mit den Anweisungen, die wir aus den Vergleichs- und Entscheidungsbedingungen abgeleitet haben, ergibt 30 Lösungen, davon ist Lösung 16 die geplante.

ABCD	ABCD	ABCD	ABCD	ABCD	Lösung			
1151	2514	3232	4443	5325	1	1	4	
1151	2514	3433	4242	5325	2	1	4	5
1151	2525	3214	4433	5342	3	1	4	
1152	2514	3231	4443	5325	4	1	4	6
1152	2514	3433	4241	5325	5	1	4	5
1152	2525	3214	4433	5341	6	1	4	
1154	2525	3241	4413	5332	7	1		5
1154	2525	3242	4413	5331	8	1	5 6	
1154	2525	3443	4211	5332	9	1 2		
1154	2525	3443	4212	5331	10	1 3	6	
1211	2534	3152	4443	5325	11	2		
1212	2534	3151	4443	5325	12	3		
1214	2531	3443	4152	5325	13	4	6	
1214	2532	3443	4151	5325	14	4		
1413	2531	3154	4225	5342	15	6		
1413	2532	3154	4225	5341	16			
1413	2534	3151	4242	5325	17	5		
1413	2534	3152	4241	5325	18	5		

```
1511  2232  3154  4325  5443  19     2
1511  2433  3154  4325  5242  20     2 5
1512  2231  3154  4325  5443  21     3 6
1512  2433  3154  4325  5241  22     3 5
1514  2231  3443  4325  5152  23     4 6
1514  2232  3443  4325  5151  24     4
1514  2433  3241  4325  5152  25     4
1514  2433  3242  4325  5151  26     4
1525  2151  3214  4332  5443  27     4
1525  2152  3214  4331  5443  28     4 6
1525  2214  3433  4341  5152  29     4
1525  2214  3433  4342  5151  30     4
```

Ergebnisse aus dem Programmlauf mit den Vergleichs- und Entscheidungsbedingungen

Die überflüssigen 29 Lösungen sind mit Einschränkungsbedingungen zu eliminieren.

Einschränkungsbedingungen

Die Einschränkungsbedingungen legen wir anhand der Ergebnisse aus dem ersten Programmlauf fest. Es soll versucht werden, die überflüssigen Lösungen mit möglichst wenigen Anweisungen auszuscheiden: Die Lösungen 1 bis 10 entfallen, wenn Kombinationen eliminiert werden, in denen A gleich 1 zusammen mit B gleich 1 enthalten ist. Dieses geschieht durch die Anweisung:

```
2410 IF A=1 AND B=1 GOTO 2900     (1)
```

Auf gleiche Weise werden weitere Wertepaare ausgesucht und die betreffenden Programmzeilen geschrieben:

```
2420 IF C=1 AND D=1 GOTO 2900     (2)
2430 IF C=1 AND D=2 GOTO 2900     (3)
2440 IF C=1 AND D=4 GOTO 2900     (4)
2450 IF B=2 AND C=4 GOTO 2900     (5)
2460 IF C=3 AND D=1 GOTO 2900     (6)
```

Die Ziffern in den Klammern (die nicht in das Programm gebracht werden dürfen) sind mit den kursiven Ziffern identisch, die nachträglich an das obige Protokoll angefügt worden sind. Sie kennzeichnen, welche Lösungen durch welche Programmzeilen ausscheiden.

Lösung

Der Programmlauf mit allen Anweisungen ergibt wie erwartet nur noch *eine* Lösung, und zwar die angestrebte:

```
ABCD  ABCD  ABCD  ABCD  ABCD  Lösung
------------------------------
1413  2532  3154  4225  5341   1
```

Redundanz

An sich wäre die Entwicklung des Rätsels abgeschlossen, soweit es den rechnerischen Teil betrifft. Die Bedingungen sind widerspruchsfrei und ergeben eine eindeutige (d.h. einzige) Lösung. — Es ist aber durchaus möglich, daß dieses Ziel bereits mit weniger Informationen erreichbar ist. Deshalb schließen wir einen Test an: Nacheinander wird

— in BASIC je eine der Zeilen 2410 bis 2460
— in Pascal je eine der Zeilen unter {Einschränkungsbedingungen} in der Prozedur Erste_Reduktion

aus dem Programm genommen und dann der Programmlauf gestartet. Dabei wird geprüft, ob trotz einer fehlenden Zeile nur *eine* Lösung erscheint.

Zuerst schreiben wir

— in BASIC hinter die Zeilennummer 2410 das Befehlswort REM
— in Pascal um die Zeile „IF (A=1) AND (B=1) THEN EXIT;" Kommentarklammern { ... }

Somit ist die betreffende Zeile nur noch eine Kommentarzeile, die Anweisung ist unwirksam. Beim Programmlauf zeigt sich das, worauf wir geprüft haben: Es erscheint nur *eine* Lösung. Diese Programmzeile ist also überflüssig. Das Bedingungssystem, d.h. die Gesamtheit aller im Rätsel enthaltenen Bedingungen, ist somit überbestimmt, es ist *redundant*. Auf Zeile 2410 bzw. auf die entsprechende Pascal-Zeile kann folglich verzichtet werden.

In der Informationstheorie wird mit *Redundanz* ein Informationsüberschuß bezeichnet. Wie ist es zu dieser Redundanz gekommen? — Wir haben bei der Festlegung der Einschränkungsbedingungen nur darauf geachtet, daß alle überzähligen Lösungen ausscheiden, nicht aber, ob die eine oder andere Lösung durch *mehrere* Einschränkungsbedingungen eliminiert wird. Wenn wir die ersten 10 Lösungen im Programmausdruck noch einmal betrachten, sehen wir: In jeder der Lösungen 1 bis 6 gibt es eine Kombination, in der C gleich 1 zusammen mit D gleich 4 vorkommt. Diese sechs Lösungen, die mit einer kursiven „4" gekennzeichnet sind, werden somit durch die Programmzeile 2440 (oder die entsprechende Pascal-Zeile) ausgeschieden. Ebenso werden eliminiert: Lösungen 7 und 8 durch Zeile 2450, Lösung 9 durch Zeile 2420 und Lösung 10 durch Zeile 2430. Die Lösungen 2, 4, 5, 8 und 10 könnten sogar mehrmals entfernt werden, weil in ihnen weitere Kombinationen den genannten Einschränkungsbedingungen entsprechen. Die Funktion der Programmzeile 2410 wird also in vollem Umfang von den anderen Zeilen ausgeübt (in Pascal sinngemäß).

Nach Löschung der Zeile 2410 wird der Test fortgesetzt, wobei jeweils eine der folgenden Anweisungen (in BASIC 2420 bis 2460) inaktiv zu machen ist. Der weitere Test zeigt, daß alle anderen Anweisungen erforderlich sind, denn jeder Programmlauf ohne eine von ihnen ergibt mehr als eine Lösung.

Gesamtes Programm

BASIC-Programm 12

Wie Programm 8, jedoch mit folgenden Unterprogrammen 2 und 4:

```
2000 REM ********** Unterprogramm 2 "Erste Reduktion" **********
2010 REM ------- Direkte Bedingungen -------
2100 REM ---- Zu Vergleichsbedingungen ("eigentliche" Ver-
2102 REM gleichsbed. siehe im Unterprogr. 4 "Vergleichsbed.") ---
2120 IF A=1 AND C=3 GOTO 2900            : REM Zu Vgl.-Bed. 1
2122 IF A=5 AND C=1 GOTO 2900            : REM Zu Vgl.-Bed. 1
2140 IF B=3 AND (A=1 OR A=2 OR A=3) GOTO 2900 : REM Zu Vgl.-Bed. 2
2142 IF B=5 AND (A=3 OR A=4 OR A=5) GOTO 2900 : REM Zu Vgl.-Bed. 2
2160 IF D=4 AND (A=4 OR A=5) GOTO 2900   : REM Zu Vgl.-Bed. 3
2162 IF C=4 AND (A=1 OR A=2) GOTO 2900   : REM Zu Vgl.-Bed. 3
2200 REM ---- Entscheidungsbedingungen ----
2220 IF B=4 AND D<>3 GOTO 2900           : REM Entsch.-Bed.1
2222 IF B<>4 AND D=3 GOTO 2900           : REM Entsch.-Bed.1
2240 IF C=2 AND D<>5 GOTO 2900           : REM Entsch.-Bed.2
2242 IF C<>2 AND D=5 GOTO 2900           : REM Entsch.-Bed.2
2260 IF B=1 AND C<>5 GOTO 2900           : REM Entsch.-Bed.3
2262 IF B<>1 AND C=5 GOTO 2900           : REM Entsch.-Bed.3
2400 REM ---- Einschränkungsbedingungen ----
2410 REM IF A=1 AND B=1 GOTO 2900 (= ehem. Einschr.-Bed. 1) nach
2412 REM Redundanzprüfung gelöscht
2420 IF C=1 AND D=1 GOTO 2900            : REM Einschr.-Bed.1
2430 IF C=1 AND D=2 GOTO 2900            : REM Einschr.-Bed.2
2440 IF C=1 AND D=4 GOTO 2900            : REM Einschr.-Bed.3
2450 IF B=2 AND C=4 GOTO 2900            : REM Einschr.-Bed.4
2460 IF C=3 AND D=1 GOTO 2900            : REM Einschr.-Bed.5
```

Anmerkung: Weiter wie Programm 7, ab Zeile 2700

```
4000 REM ******* Unterprogramm 4 "Vergleichsbedingungen" *******
4002 REM Siehe auch anteilige direkte Bedingung im Unterprogramm 2
4100 REM ---- Vergleichsbedingung 1 ----
4110 IF C1(T1)=1 AND C2(T2)<>3 GOTO 4900
4112 IF C2(T2)=1 AND C3(T3)<>3 GOTO 4900
```

```
4114 IF C3(T3)=1 AND C4(T4)<>3 GOTO 4900
4116 IF C4(T4)=1 AND C5(T5)<>3 GOTO 4900
4128 :
4130 IF C2(T2)=3 AND C1(T1)<>1 GOTO 4900
4132 IF C3(T3)=3 AND C2(T2)<>1 GOTO 4900
4134 IF C4(T4)=3 AND C3(T3)<>1 GOTO 4900
4136 IF C5(T5)=3 AND C4(T4)<>1 GOTO 4900
4200 REM ---- Vergleichsbedingung 2 ----
4210 IF B1(T1)=5 AND B4(T4)<>3 GOTO 4900
4212 IF B2(T2)=5 AND B5(T5)<>3 GOTO 4900
4228 :
4230 IF B4(T4)=3 AND B1(T1)<>5 GOTO 4900
4232 IF B5(T5)=3 AND B2(T2)<>5 GOTO 4900
4300 REM ---- Vergleichsbedingung 3 ----
4310 IF D1(T1)=4 AND C3(T3)<>4 GOTO 4900
4312 IF D2(T2)=4 AND C4(T4)<>4 GOTO 4900
4314 IF D3(T3)=4 AND C5(T5)<>4 GOTO 4900
4328 :
4330 IF C3(T3)=4 AND D1(T1)<>4 GOTO 4900
4332 IF C4(T4)=4 AND D2(T2)<>4 GOTO 4900
4334 IF C5(T5)=4 AND D3(T3)<>4 GOTO 4900
4798 :
4890 N=0: GOTO 4950
4900 N=1
4950 RETURN
```

Pascal-Programm 12P

Wie Programm 8P, jedoch mit folgenden Prozeduren Erste_Reduktion und Vergleichsbedingungen:

```
PROCEDURE Erste_Reduktion; {Direkte Bedingungen}
 BEGIN
  { ---- Zu Vergleichsbedingungen ("eigentliche" Vergleichsbedin-
    gungen siehe in PROCEDURE Vergleichsbedingungen) ---- }
  IF (A=1) AND (C=3) THEN EXIT;         {Zu Vgl.-Bed. 1}
  IF (A=5) AND (C=1) THEN EXIT;         {Zu Vgl.-Bed. 1}
  IF (B=3) AND ((A=1) OR (A=2) OR (A=3)) THEN EXIT; {Zu Vgl.-Bed. 2}
  IF (B=5) AND ((A=3) OR (A=4) OR (A=5)) THEN EXIT; {Zu Vgl.-Bed. 2}
  IF (D=4) AND ((A=4) OR (A=5)) THEN EXIT;       {Zu Vgl.-Bed. 3}
```

```
IF (C=4) AND ((A=1) OR (A=2)) THEN EXIT;        {Zu Vgl.-Bed. 3}

{ ---- Entscheidungsbedingungen ---- }
IF (B=4) AND (D<>3) THEN EXIT;                  {Entsch.-Bed.1}
IF (B<>4) AND (D=3) THEN EXIT;                  {Entsch.-Bed.1}
IF (C=2) AND (D<>5) THEN EXIT;                  {Entsch.-Bed.2}
IF (C<>2) AND (D=5) THEN EXIT;                  {Entsch.-Bed.2}
IF (B=1) AND (C<>5) THEN EXIT;                  {Entsch.-Bed.3}
IF (B<>1) AND (C=5) THEN EXIT;                  {Entsch.-Bed.3}

{ ---- Einschränkungsbedingungen ---- }
{ Bemerkung: Die ursprüngliche Einschränkungsbedingung 1
             ist nach der Redundanzprüfung aus dem Programm
             entfernt worden: IF (A=1) AND (B=1) THEN EXIT }
IF (C=1) AND (D=1) THEN EXIT;                   {Einschr.-Bed.1}
IF (C=1) AND (D=2) THEN EXIT;                   {Einschr.-Bed.2}
IF (C=1) AND (D=4) THEN EXIT;                   {Einschr.-Bed.3}
IF (B=2) AND (C=4) THEN EXIT;                   {Einschr.-Bed.4}
IF (C=3) AND (D=1) THEN EXIT;                   {Einschr.-Bed.5}
```

Anmerkung: Weiter wie im Programm 7P, ab {Ausgabe der Auswahlkombinationen}

```
PROCEDURE Vergleichsbedingungen;
 BEGIN
  {siehe auch die anteiligen dir. Beding. in PROC. Erste_Reduktion}

  { Vergleichsbedingung 1 }
  IF (C1[T1]=1) AND (C2[T2]<>3) THEN EXIT;
  IF (C2[T2]=1) AND (C3[T3]<>3) THEN EXIT;
  IF (C3[T3]=1) AND (C4[T4]<>3) THEN EXIT;
  IF (C4[T4]=1) AND (C5[T5]<>3) THEN EXIT;

  IF (C2[T2]=3) AND (C1[T1]<>1) THEN EXIT;
  IF (C3[T3]=3) AND (C2[T2]<>1) THEN EXIT;
  IF (C4[T4]=3) AND (C3[T3]<>1) THEN EXIT;
  IF (C5[T5]=3) AND (C4[T4]<>1) THEN EXIT;

  { Vergleichsbedingung 2 }
  IF (B1[T1]=5) AND (B4[T4]<>3) THEN EXIT;
  IF (B2[T2]=5) AND (B5[T5]<>3) THEN EXIT;
```

```
IF (B4[T4]=3) AND (B1[T1]<>5) THEN EXIT;
IF (B5[T5]=3) AND (B2[T2]<>5) THEN EXIT;

{ Vergleichsbedingung 3 }
IF (D1[T1]=4) AND (C3[T3]<>4) THEN EXIT;
IF (D2[T2]=4) AND (C4[T4]<>4) THEN EXIT;
IF (D3[T3]=4) AND (C5[T5]<>4) THEN EXIT;

IF (C3[T3]=4) AND (D1[T1]<>4) THEN EXIT;
IF (C4[T4]=4) AND (D2[T2]<>4) THEN EXIT;
IF (C5[T5]=4) AND (D3[T3]<>4) THEN EXIT;

Ausgabe
END;   {von Prozedur Vergleichsbedingungen}
```

12.2 Festlegen der inhaltlichen Informationen

Nun müssen wir für das Rätsel ein Thema wählen — vielleicht aus einem der Bereiche Alltag, Beruf, Schule, Freizeit, Sport, Hobby, Wissenschaft, Wirtschaft ...? Wie ist es mit dem Thema *Auslandsreisen von fünf jungen Männern*? Dauer der Reise: 5, 10, 15, 20 oder 25 Tage (Menge A). Die Reise führte nach Italien, Spanien, Jugoslawien, Skandinavien oder Kanada (Menge B). Schlechtestes Reiseerlebnis: Fuß verstaucht, Geld gestohlen worden, Koffer abhanden gekommen, Brieftasche verloren, Garderobe durch Farbspritzer unbrauchbar geworden (Menge C). Bestes Reiseerlebnis: von Allergie geheilt, spätere Frau kennengelernt, wichtige Kenntnisse erhalten, gute Geschäfte gemacht, seltenes Exemplar für seine Sammlung günstig erworben (Menge D). Diese Begriffe werden in der genannten Reihenfolge den Werten der Elemente zugeordnet; die jeweils erste Angabe hat den Wert 1.

Die Einfügung der Begriffe in das numerische Lösungsschema ergibt die inhaltliche Lösung:

Tage	Reiseziel	schlechtestes Erlebnis	bestes Erlebnis
5	Skandinavien	Fuß verstaucht	Kenntnisse erhalten
10	Kanada	Koffer verloren	spätere Frau gefunden
15	Italien	Garderobe unbrauchbar	Geschäfte gemacht
20	Spanien	Geld gestohlen worden	Sammlung erweitert
25	Jugoslawien	Brieftasche verloren	Allergie geheilt

Nun werden die Programmzeilen bzw. die formalen Bedingungen unter Verwendung dieser Begriffe in inhaltliche Informationen umgewandelt.

Zur ersten Vergleichsbedingung: Derjenige, dessen Koffer abhanden gekommen war, blieb der Heimat fünf Tage länger fern als derjenige, der sich einen Fuß verstaucht hatte.

Zur zweiten Vergleichsbedingung: Die Reise nach Jugoslawien dauerte 15 Tage länger als die nach Kanada.

Zur dritten Vergleichsbedingung: Die Reise, bei der gute Geschäfte gemacht wurden, war 10 Tage kürzer als die, bei der die Brieftasche verloren ging.

Zur ersten Entscheidungsbedingung: Wichtige Kenntnisse wurden während der Skandinavienreise erworben.

Zur zweiten Entscheidungsbedingung: Geld wurde demjenigen gestohlen, der ein seltenes Exemplar für seine Sammlung günstig erwerben konnte.

Zur dritten Entscheidungsbedingung: Während der Italienreise war die Garderobe durch Farbspritzer unbrauchbar geworden.

Zu den ersten drei Einschränkungsbedingungen: Der junge Mann mit dem verstauchten Fuß hatte weder eine Allergie verloren, seine spätere Frau kennengelernt noch gute Geschäfte gemacht.

Zur vierten Einschränkungsbedingung: Die Brieftasche ging nicht in Spanien verloren.

Zur fünften Einschränkungsbedingung: Die Heilung der Allergie und der Verlust des Koffers geschahen nicht auf derselben Reise.

Zur Fertigstellung des Rätsels ist jetzt nur noch die Einleitung zu schreiben und nach der Zuordnung zu fragen — was indessen reine Routine sein dürfte.

ANHANG A

LÖSUNGEN

9.1 Musical „Dogs"

Gesehen haben das Musical: Anette, Claus, Dirk und Jutta.
Hinweis zur Lösung: Prinzipiell wie Rätsel 1.

9.2 Kegelrunde

Ilse ist OP-Schwester, Liane ist med.-techn. Assistentin, Margot ist Apothekerin, Renate ist Ärztin, Susanne ist Stationsschwester, Ulrike ist Röntgen-Assistentin, Waltraud ist Laborantin.
Hinweis zur Lösung: Prinzipiell wie Rätsel 4.

9.3 Speisekarte

Menü 1: Rindfleischsuppe, Roulade, Eiscreme
Menü 2: Tomatencremesuppe, Hackbraten, Götterspeise
Menü 3: Fruchtsuppe, Jägerschnitzel, Kompott
Hinweis zur Lösung: Prinzipiell wie Rätsel 6.

9.4 Kammermusik
Brigitte, Klarinette, Haydn, Mittwoch;
Corinna, Flöte, Mozart, Monatserster;
Elke, Geige, Schubert, Monatsletzter;

Karin, Baßgeige, Händel, Freitag;
Manuela, Cello, Bach, Montag.
Hinweis zur Lösung: Prinzipiell wie Rätsel 7.

9.5 Exotische Pflanzen (2)

Im übernächsten Jahr gibt es vier Möglichkeiten der Bepflanzung. Die Möglichkeit 4 ist identisch mit der Anordnung in diesem Jahr.

Sektor	Möglichkeit 1	Möglichkeit 2	Möglichkeit 3	Möglichkeit 4
1	Knautius	Zizanius	Zizanius	Zizanius
2	Zizanius	Knautius	Knautius	Phillitus
3	Basellum	Basellum	Hieracium	Knautius
4	Hieracium	Hieracium	Basellum	Hieracium
5	Ranunculus	Ranunculus	Ranunculus	Ranunculus
6	Phillitus	Phillitus	Phillitus	Basellum

Hinweis zur Lösung: Im Programm 4 bzw. 4P ist lediglich zu berücksichtigen, daß die Pflanzen im übernächsten Jahr nicht auf dieselbe Stelle wie im nächsten Jahr kommen dürfen. Die Programmzeile für Bedingung 1 ist deshalb neu zu schreiben

— in BASIC:
  1100 IF Z=3 OR P=5 OR K=4 OR H=1 OR R=6 OR B=2 GOTO 1900
— in Pascal:
  IF (Z=3) OR (P=5) OR (K=4) OR (H=1) OR (R=6) OR (B=2) THEN EXIT

9.6 Außenhandel

Exp.-ums.	Land	Zust. Person	Hauptexp.-artikel	Hauptimport-artikel	Hauptabsatz-hemmnis	Künftige Exportchance
1.St.	Embrasien	Lobert	Chemikalien	ch. Grundst.	Bonität	Anlagenbau
2 "	Creotien	Gronert	Elektronik	Erdöl	eig. Industrieal.	alt. Energieerz.
3. "	Felicien	Illert	Masch.-Bau	Erze	ausl. Konkurrenz	Tierarzneimittel
4. "	Dolorien	Kunert	Arzneien	Nahrungsm.	Finanzmangel	Umweltsch.-Einr.
5. "	Belusien	Hanert	Elektroart.	Tierfutter	unausg. Handelsb.	Industrie-Roboter
6. "	Abrasien	Jokert	Automobile	Textilien	pol. Schwierigk.	medizin. Geräte

Hinweis zur Lösung: Prinzipiell wie Rätsel 8, jedoch großer Speicherplatzbedarf und bei „normalem BASIC" sehr lange Laufzeiten.

ANHANG B

KEINE PROBLEME TROTZ UNTERSCHIEDLICHER BASIC-DIALEKTE

Im Laufe der Zeit entwickelten die verschiedenen Computer- und Software-Hersteller auf der Grundlage des von der amerikanischen Normbehörde ANSI festgelegten MIN STANDARD immer leistungsfähigere BASIC-Versionen. Diese BASIC-Dialekte, wie sie auch genannt werden, unterscheiden sich infolge der eigenständigen Weiterentwicklung in einigen Details voneinander. Es ist deshalb nicht möglich, anspruchsvollere BASIC-Programme zu publizieren, die auf jedem Computer auf Anhieb laufen. Manchmal sind bei der Übernahme auf einen bestimmten Computer gewisse Programmänderungen erforderlich oder sinnvoll, im wesentlichen aus folgenden Gründen:

— Die im Programm verwendeten BASIC-Befehle werden vom Computer nicht verstanden, weil er diese oder vergleichsweise Befehle nicht kennt (z.B. ELSE).
— Der Computer verlangt zur Erzielung gleicher Wirkung andere Befehle (z.B. zum Drucken statt LPRINT: OPEN-Befehle in Verbindung mit PRINT).
— Die Befehle werden vom Computer zwar verstanden und richtig ausgeführt. Dessen BASIC ist aber weiter entwickelt als das im Programm verwendete. Deshalb können die gleichen oder bessere Ergebnisse auf elegantere Weise erzielt werden.

In diesem Buch wurde angestrebt, die Programme möglichst einfach mit üblichen Befehlen zu schreiben, so daß allenfalls geringfügige Programmänderungen zur Anpassung an das BASIC Ihres Computers zu erwarten sind. Im folgenden wird auf eventuelle Abweichungen zwischen der BASIC-Version in den Programmbeispielen und der Ihres Computers eingegangen (hierzu auch: J.H. Sacht, BASIC-Dialekte, Humboldt Taschenbuchverlag, München).

IF...THEN

Um Sprünge aus Programmzeilen mit IF zu veranlassen, ist in diesem Buch meist THEN GOTO, manchmal auch GOTO geschrieben worden. Einige BASIC-Versionen verlangen stets THEN GOTO; bei vielen Versionen wird ein Sprung mit THEN und der dahinterstehenden Sprungadresse hervorgerufen. Bei der Übernahme der Programme sind deshalb entsprechende Änderungen erforderlich oder zulässig. Einige Dialekte verlangen, abweichend von der Schreibweise in diesem Buch, bei hinter THEN stehenden Zuweisungen das Befehlswort LET, z.B. 60 IF B=5 THEN LET A=3; dies ist ggf. zu beachten.

Der oft vorteilhafte Befehl ELSE (wenn nicht, dann ...) ist in diesen Programmen nicht enthalten, da er in vielen BASIC-Versionen unbekannt ist. Verschachtelte Vergleiche in Form von IF...THEN IF...THEN... sind nicht in allen BASIC-Dialekten erlaubt, sie werden deshalb auch hier nicht angewandt. Auf das Rechnen mit Vergleichsergebnissen, die eine bestimmte Wertung eben dieser Vergleichsergebnisse zur Voraussetzung haben, ist hier verzichtet worden. Sonst wäre eine Verwendung dieser Programme auf verschiedenen Computern stark eingeschränkt, weil z.B. einige BASIC-Versionen den Wert -1 erzeugen, wenn ein Vergleich wahr ist, andere dagegen den Wert 1.

Logische Operatoren

Auf die logischen Operatoren AND, OR und NOT wird bei Rätsel 1 näher eingegangen. Der Operator XOR ist in den Befehlssätzen vieler BASIC-Dialekte nicht enthalten und wird deshalb auch hier nicht verwendet.

PRINT, LPRINT

In der Wirkung der Satzzeichen sind bei den meisten BASIC-Dialekten kaum Abweichungen von der hier erzielten zu erwarten: Ein Semikolon bewirkt eine Darstellung ohne Zwischenräume oder — bei Zahlen — ggf. mit einer Leerstelle. Außerdem dient das Semikolon am Ende einer Ausgabezeile zur Verhinderung des Zeilenvorschubs. Dies gilt für die Ausgabe auf den Bildschirm und auf den Drucker.

Rangfolge der Bearbeitung

Zusammengesetzte Ausdrücke werden vom Computer in einer bestimmten Reihenfolge abgearbeitet, die im Handbuch Ihres Rechners dargelegt sein dürfte. Falls Sie in einzelnen Fällen unsicher sein sollten, ist der reichliche Gebrauch von Klammern zu empfehlen. Im allgemeinen werden Relationsoperatoren (= < > <= >= <>) vor logischen Operatoren (AND, OR, NOT) bearbeitet. Es gibt einige BASIC-Dialekte, bei denen für den NOT-Operator diese Hierarchie der Rangfolge nicht gültig ist: PRINT NOT 2<3 bringt dort evtl. ein anderes Ergebnis als PRINT NOT (2<3). In manchen BASIC-Versionen haben logische Operatoren untereinander eine unterschiedliche Rangordnung (z.B. AND vor OR). Auf den Lauf der aus diesem Buch übernommenen Programme dürfte dies kaum von Einfluß sein.

Variablennamen

In den BASIC-Programmen zur Lösung der Rätsel sind kurze Variablennamen gewählt worden. Manche BASIC-Versionen lassen nur extrem kurze Variablennamen zu, einige werten nur einen Buchstaben aus oder beachten nicht alle anschließenden Ziffern. Falls Sie die entsprechenden Eigenschaften Ihres Computers nicht genau kennen, empfiehlt sich vor der Übernahme größerer Programme ein kleiner Test, für numerische Variable etwa wie folgt:

```
10 S=1: S1=2: S14=3: S142=4: SU=5: SU1=6: SU14=7: SU142=8
20 SUM=9: SUM1=10: SUM12=11
30 PRINT S,S1,S14,S142,SU,SU1,SU14,SU142,SUM,SUM1,SUM12
```

Werden hierbei nicht alle Werte korrekt ausgegeben, dann sind in den Programmen die betreffenden Variablennamen durch kürzere zu ersetzen.

Wertzuweisung an Variable

Die Wertzuweisung geschieht in diesen Programmen allein durch das Gleichheitszeichen, ohne Verwendung des Befehlswortes LET. Erforderlichenfalls kann das beim Eingeben der Programme entsprechend berücksichtigt werden. Jeder Variablen ist vor ihrer Verwendung ein Wert, ggf. 0, zugewiesen worden. Bei den meisten neueren BASIC-Versionen kann auf die Zuweisung des Anfangswertes 0 verzichtet werden, da sie automatisch erfolgt.

Anhang

Zeichenketten

Bei einigen BASIC-Dialekten werden Zeichenketten als eindimensionale Felder behandelt, für die vorherige DIM-Befehle erforderlich sind. In den Programmen dieses Buches sind für Zeichenketten keine Speicherplätze reserviert. Falls Ihr Computer Reservierungen verlangt, sind diese nach den Angaben im Handbuch Ihres Computers vorzunehmen.

Zeilenlänge

Falls Ihre BASIC-Version nur sehr kurze Zeilen zuläßt, können Sie den Zeileninhalt auf mehrere Zeilen verteilen; dazu zwei Beispiele:

a) Nach IF stehen 4 Bedingungen, die durch OR voneinander getrennt sind:

```
3540 IF B5(T5)=B4(T4) OR B5(T5)=B3(T3) OR B5(T5)=B2(T2) OR
B5(T5)=B1(T1) GOTO 3900
```

Bereits bei Einhaltung *einer* dieser Bedingungen veranlaßt GOTO einen Sprung. Deshalb könnte diese Zeile in maximal 4 separate Zeilen aufgeteilt werden. In den meisten Fällen wird eine Teilung in zwei Programmzeilen genügen:

```
3540 IF B5(T5)=B4(T4) OR B5(T5)=B3(T3) GOTO 3900
3541 IF B5(T5)=B2(T2) OR B5(T5)=B1(T1) GOTO 3900
```

b) Im Gegensatz zum vorigen Beispiel veranlaßt GOTO aus der Programmzeile

```
4250 IF D1(T1)=1 AND B1(T1)=4 AND (E1(T1)=D2(T2) OR (E1(T1)=3 AND
D2(T2)=4)) GOTO 4900
```

nur dann einen Sprung, wenn *alle* drei durch AND miteinander verbundenen Bedingungen eingehalten sind.

Zur Kürzung der Zeilenlänge wird der dritte Ausdruck durch $U=1$ ersetzt:

```
4250 IF D1(T1)=1 AND B1(T1)=4 AND U=1 GOTO 4900
```

Der Variablen U wird zuvor der Wert 0 zugewiesen:

4248 U1=0

Falls die dritte Bedingung erfüllt ist, erhält U dann den Wert 1:

4249 IF (E1(T1)=D2(T2) OR (E1(T1)=3 AND D2(T2)=4)) THEN U=1

Diese drei Zeilen zusammen stehen nun für die ursprüngliche Zeile 4250.

ANHANG C

FALLS IHRE PASCAL-VERSION EIN PROGRAMM NICHT AKZEPTIERT

Bei der Übernahme der Pascal-Programme auf Ihren Computer ist möglicherweise zu berücksichtigen:

Länge der Namen

Einige Compiler beachten nur die ersten acht alphanumerischen Zeichen eines Namens. Die Verwendung von Prozedurnamen wie 'Zweite__Reduktion1' und 'Zweite__Reduktion2' im selben Programm, wie hier z.B. im Programm 7P, ist dort nicht möglich: beide Namen werden als 'Zweite__R' angesehen. Eine solche Programmierung würde der Compiler als Versuch werten, zwei Prozeduren mit demselben Namen zu definieren; er gäbe eine Fehlermeldung aus. Abhilfe: Namen umbilden, in diesem Falle z.B. in 'Zweite1__Reduktion' und 'Zweite2__Reduktion'.

EXIT

Das vordefinierte Wort 'EXIT' gehört nicht zu Standard-Pascal; es findet sich jedoch in den meisten — zumindest neueren — Pascal-Versionen. Es bewirkt das Verlassen einer Prozedur. In den Programmen dieses Buches werden EXIT-Anweisungen vor allem zum Abbruch von Schleifendurchläufen verwendet, wenn die jeweils aktuelle Kombination im Widerspruch zu Bedingungen des Rätsels steht. Eine entsprechende Steuerung des Programmlaufs kann - ohne EXIT — beispielsweise mit Markierungsvariablen (oder GOTO) erzielt werden, wie in den Pascal-Programmen bei Rätsel 1.

ANHANG D

REGISTER

Adjunktion, *19*
äquivalent, *24, 25*
Alternation, *19*
AND, *16*
Antivalenz, *19*
Auswahlkombination, *72*

Bedingung, *13, 33, 84*
- direkte, *72, 107*
Bedingungssystem, *39, 90, 156*

Codieren, *23*

Disjunktion, *19*

Element, *33, 55*
Elementwert, *72*
eliminieren, *15*
Einschränkungsbedingung, *84, 150*
Einschränkungsinformation, *84*
Entscheidungsbedingung, *84, 150*
Entscheidungsinformation, *84*

entweder...oder, *18*

Fakultät, *56*
Fehlersuche, *103*
FOR-Schleife, *14*

Gesetze von De Morgan, *26*
GOTO, *15*

IF...THEN, *15*
Implikation, *29*
Information, *33, 84*

Kombination, *14, 58, 120*
- aktuelle, *14*
Konjunktion, *17, 30*

Label, *13*
Lösung, *33*

Markierungsvariable, *28*
Mehrschrittmethode, *71*
Menge, *32*

Negation, *23*
NOT, *23*

oder, *17*
OR, *17*

Permutationen, *53, 55f*

Redundanz, *155*
Relationsausdruck, *17*

Speicherplatz, *121*
Subjunktion, *29*

Variationen, *58*
Vergleichsausdruck, *15, 17*
Vergleichsbedingung, *107, 114, 150*
Verknüpfungen, *16*
Versuch-und-Irrtum-Methode *37, 132*

Wahrheitstafel, *16, 18, 24, 25*
Wahrheitswerte, *16, 18*
Widerspruch, *13, 15, 90*

Zuordnungsmöglichkeiten *71, 81, 117*
Zuordnungsrätsel, *49, 71, 120*

ANHANG E

LITERATUR-HINWEISE

A Werke mit Logikrätseln, ohne größere theoretische Erörterungen

— Barnard, Douglas St. P., Hirnverzwirner mit und ohne Mathematik (engl. Originalausgaben: *50 Observer Brain-Twisters* und *100 Brain-Twisters*), Aulis-Verlag Deubner, Köln 1975
— Zweistein, 99 Logeleien mit ihren Antworten, Cristian Wegner Verlag, Hamburg 1963 (3. Auflage)
— ders., Logeleien für Kenner mit ihren Antworten, Verlag Hoffmann und Campe, Hamburg 1974
— ders., 88 neue Logeleien mit ihren Antworten, Nymphenburger Verlag, München 1983
— ders., 87 neue Logeleien aus dem Zeit-Magazin, Wilhelm Heyne Verlag, München 1985 (erschienen 1989)

B Werke mit Logikrätseln, mit theoretischen Erörterungen

— Bizám, György / Herczeg, János, Logik macht Spaß (ungarischer Originaltitel: Játék es Logika), Ernst Klett Verlag, Stuttgart 1976
— Bong, Uwe, Boolesche Algebra, Verlag Herder, Freiburg 1977
— Botsch, Otto, Hirnverzwirner, Deutscher Taschenbuchverlag, München 1984
— Bryant, V. / Postill, R., Mit Witz und Grips (Aus der Denksport-Ecke der Sunday Times), Deutscher Taschenbuchverlag, München 1983
— Caroll, L., Alice im Wunderland der Rätsel (englische Originalausgabe: The Magic of Lewis Caroll), Deutscher Taschenbuchverlag, München 1988

- Hochkeppel, Willy, Denken als Spiel, Deutscher Taschenbuchverlag, München 1985 (8. Auflage)
- Merkel, Erich, Technische Informatik, Verlag Friedr. Vieweg & Sohn, Braunschweig 1973
- Schmidt, Uta /Schmidt, Werner, Mathematische Knobeleien mit und ohne Kleincomputer, VEB Fachbuchverlag, Leipzig 1989
- Smullyan, Raymond M., Wie heißt dieses Buch? (engl. Originalausgabe: What is the Name of this Book?), Verlag Friedr. Vieweg & Sohn, Braunschweig 1981
- ders., Dame oder Tiger, Fischer Taschenbuch Verlag, Frankfurt am Main 1985 (Auflage März 1987)
- ders., Alice im Rätselland (amerikanische Originalausgabe: Alice in Puzzle-Land), Fischer Taschenbuch Verlag, Frankfurt am Main 1988
- ders., Spottdrosseln und Metavögel (amerikanische Originalausgabe: To Mock a Mockingbird and other Logic Puzzles), Fischer Taschenbuch Verlag, Frankfurt am Main 1989
- Whitesitt, J.E., Boolesche Algebra, Verlag Friedr. Vieweg & Sohn, Braunschweig 1964
- Wylie, C., 101 Puzzles in Thought and Logic, Dover Publ., New York 1958

C Werke über Logik, ohne eine größere Zahl von Logikrätseln

- Borkowski, Ludwig, Formale Logik (polnischer Originaltitel: Logika Formalna), Verlag C.H. Beck, München 1977
- Fuchs, Walter Robert, Eltern entdecken die neue Logik, Droemersche Verlagsanstalt, München 1971
- Schick, Karl, Aussagenlogik, Verlag Herder, Freiburg im Breisgau 1971
- Schupp, Hans, Elemente der Logik, Georg Westermann Verlag, Braunschweig 1970
- Strombach, Werner, Die Gesetze unseres Denkens, Verlag C.H. Beck, München 1970

D Zeitschriften, Hefte

- P.M. Magazin, erscheint monatlich, enthält je Ausgabe ein Logikrätsel, Gruner und Jahr Verlagshaus, München/Hamburg
- P.M. Logik-Trainer, zweimonatlich erscheinendes Heft mit je ca. 28 Zuordnungsrätseln, Gruner und Jahr Verlagshaus, München/Hamburg

— Zeit-Magazin, Beilage zur wöchentlich erscheinenden Zeitung „Die Zeit", enthält je eine „Logelei", Zeitverlag Gerd Bucerius, Hamburg